CH. BOURET
SIEMPRE MAS

HECTOR MALOT

Mariage Riche

ILLUSTRATIONS

DE

DUEZ, FRAIPONT,

JEANNIOT

PARIS

C. MARPON ET E. FLAMMARION

26, RUE RACINE, 26

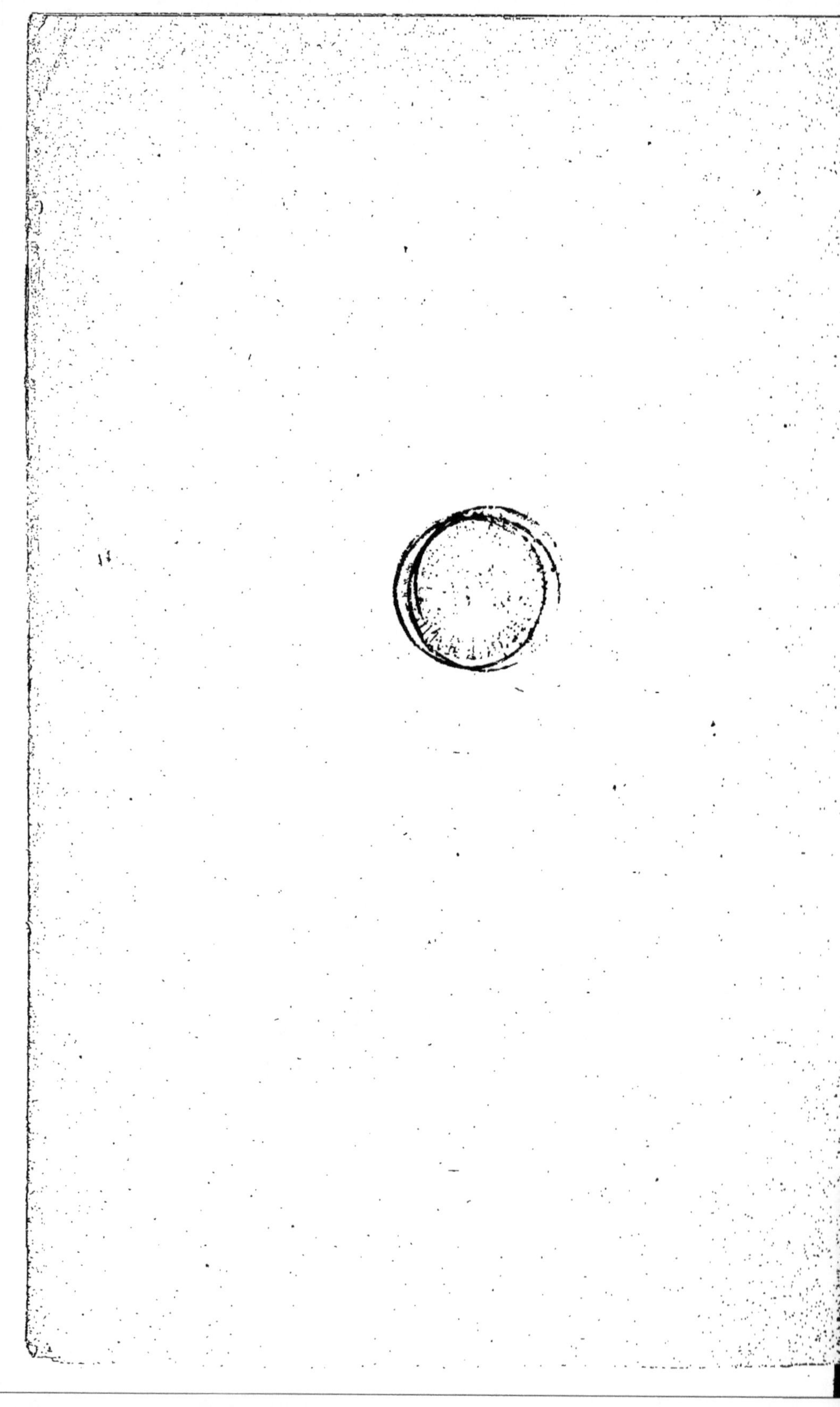

MARIAGE RICHE

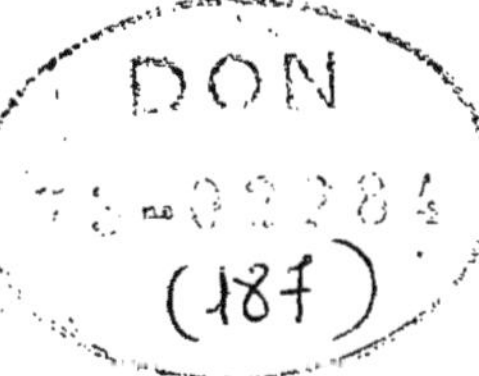

Il a été tiré, de cet ouvrage,
quarante exemplaires sur papier du Japon
tous numérotés.

HECTOR MALOT

MARIAGE RICHE

Illustrations

DE

DUEZ, JEANNIOT et F. FRAIPONT

PARIS

C. MARPON ET E. FLAMMARION

ÉDITEURS

26, RUE RACINE, PRÈS L'ODÉON

MARIAGE RICHE

I

Au pied des hautes falaises de Flammanville, à peu près au milieu du détroit
de la Déroute, toujours agité par les cou-

rants de la haute mer, à leur rencontre avec ceux qui suivent les côtes du Cotentin, s'ouvre le petit port de Diélette, qui abrite les navires en danger entre Granville et Cherbourg, et sert au chargement des granits et du minerai de fer — les principaux produits du pays.

Bien que de qualité supérieure, ce minerai n'a jamais donné lieu à une large production, et cette industrie, qui théoriquement devrait être prospère, n'est en réalité qu'assez médiocre.

C'était pour chercher les moyens de la développer que l'ingénieur Capel était venu, un jour d'été, s'établir à Diélette, accompagné de sa femme et de sa fille : pendant qu'il poursuivrait ses études, elles prendraient des bains.

Sans doute l'endroit était modeste, mais modeste aussi était la situation de l'ingénieur, échoué là après de longues années de déveine, et qui ne pouvait pas offrir aux siens une plage à la mode, avec une vie brillante, mais dispendieuse.

Des plus simples, cette vie, restée celle

qu'on menait il y a cinquante ans dans
les petits villages de Normandie, avant
la grande vogue des bains de mer: loge-
ment à l'unique auberge, dans des chambres blanchies à la chaux; déjeuner et
dîner à la table commune, avec du cidre
comme boisson; pour cabines, les trous
ou les rochers de la falaise; pour casino,
la jetée ou un endroit abrité de la côte,
selon que le vent d'ouest soufflait ou ne
soufflait point.

Mais, à ces lieux de réunion, Mme Capel
et sa fille avaient préféré les promenades
sur les falaises ou dans la campagne;
Suzanne n'étant ni d'humeur, ni de caractère à se plaire dans la compagnie des
petites bourgeoises, qu'elle ne subissait à
table que difficilement, et dont la vulga-
rité suffoquait sa jeune fierté.

D'ailleurs, à ses entretiens avec sa
mère, il fallait la sécurité du tête-à-tête,
et la certitude que pas un mot de ce
qu'elles disaient ne tomberait dans des
oreilles curieuses.

— Resteraient-elles à Diélette?

Grosse question à laquelle elles revenaient sans cesse, et bien faite pour les préoccuper. Paris leur avait été dur en ces dernières années, où toutes les affaires engagées par M. Capel avaient misérablement échoué, où pas un seul des projets qui sortaient chaque jour de son esprit, constamment en travail, n'avait réussi; mais quelle serait leur vie à Diélette, dans ce petit village perdu, au bout du monde? Si les espérances de M. Capel se réalisaient, et si ses calculs étaient justes, on pouvait compter sur le gain d'une douzaine de mille francs par an; sans doute c'était peu, si on comparait ces douze mille francs aux millions dont elles avaient si souvent entendu parler, et qui devaient leur arriver d'un jour à l'autre; mais ces millions n'avaient jamais été qu'un mirage; elles le savaient depuis longtemps; tandis qu'il semblait qu'on pouvait avoir foi en ces douze mille francs.

Et, avec eux, Mme Capel établissait son budget : un bon poulet coûtait trente sous; le poisson était pour rien; pour rien

aussi les fruits et les légumes; précisément, elles aimaient le cidre; pas besoin
de toilettes; on ne dépenserait pas trois
mille francs et on en économiserait neuf
mille qu'on placerait; en dix ans, cela
donnerait une centaine de mille francs,
la sécurité assurée; plus de luttes contre
les huissiers, les avoués, les gens d'affaires; une vieillesse tranquille et hono-
rée. A la vérité, les journées seraient
longues, mais le pays était superbe, avec
le spectacle de la mer toujours changeant,
les splendeurs du beau temps, les émo-
tions de la tempête; le mobilier, apporté
de Paris, permettrait d'organiser un inté-
rieur confortable, un nid dans lequel on
vivrait pelotonnés; si ce n'était point
l'existence brillante qu'on avait pu espérer, au moins ce ne serait pas la misère
qui, en ces derniers temps, avait paru si
menaçante.

A ce tableau pourtant, dans lequel elle
se complaisait, il y avait une ombre :
comment, dans l'isolement de Diélette?
Suzanne se marierait-elle?

Mais si troublante que fût cette question pour la tendresse maternelle de Mme Capel, elle ne paraissait cependant pas insoluble. Certainement, les chances étaient pour qu'un mari ne vînt pas chercher Suzanne au fond de ce village; mais Cherbourg n'est pas loin de Diélette; on irait aux bals de la préfecture maritime, et là on pourrait très bien rencontrer un jeune lieutenant de vaisseau qui se prendrait d'amour pour Suzanne. N'avait-elle pas assez de beauté pour s'imposer, et n'est-il pas reconnu que les officiers de marine sont les meilleurs maris du monde? Longuement elle s'étendait sur cet arrangement, sans que jamais sa fille la contredît, souriant, au contraire, d'un sourire vague qui, sans être une approbation, semblait dire qu'elle était sans inquiétude.

Pendant ce temps, M. Capel continuait ses études et discutait, en les approfondissant, les propositions qui lui étaient faites, un jour voyant tout en beau, le lendemain voyant tout en mauvais, et chaque soir après dîner, en se promenant avec sa femme et sa fille, leur faisait part de ses espoirs aussi bien que de ses découragements. Enfin, un soir, en sortant de table, il annonça que, pour lui, il était décidé ; l'affaire était faisable ; si elle ne donnait point la fortune, elle assurait le repos des vieux jours ; mais s'il envisageait sans inquiétude, et même avec une confiance résignée, la perspective de finir sa vie à Diélette, il ne voulait pas prendre une résolution définitive sans les avoir consultées.

C'était en montant le chemin qui, du village, conduit à la falaise, qu'il leur donnait ces explications ; arrivés sur le plateau, ils aperçurent, devant eux, la mer tranquille noyée dans l'or du couchant, et au loin confusément les îles normandes, qui semblaient enveloppées de vapeurs sombres : pas un souffle de vent ; pas une voile à l'horizon ; pas d'autre bruit sur les flots et dans la campagne que celui de la vague, qui, à une centaine de mètres au-dessous d'eux et

sans qu'ils la vissent, frappait à coups
sourds, régulièrement rythmés, la base
de la falaise.

— Il faut bien admettre, dit M. Capel,
que Diélette ne justifiera pas pendant
toute l'année son étymologie latine : *dies
læta;* tous les soirs ne seront pas radieux
et doux comme celui qui nous enveloppe
en ce moment; il y aura aussi des jours
malheureux, c'est-à-dire sombres, durs,
froids et tristes sur cette côte, si souvent
battue par les grandes tempêtes; eh bien,
je ne veux pas vous les imposer sans que
vous vous soyez tâtées pour savoir si
vous pourrez les supporter, — morale-
ment comme physiquement. Faites donc
cet examen de conscience, et, sans com-
plaisance comme sans faiblesse, dites si
vous vous sentez le courage de vivre ici..
toujours.

— Cet examen est fait, répondit Mme Capel.

— Il ne s'agit pas d'une affaire ordinaire, continua-t-il, que je peux décider
en connaissance de cause, sans vous ap-

peler au conseil : elle est vôtre autant que mienne, plus que mienne même, car moi j'aurai le travail qui m'occupera.

— Comment ne pourrions-nous pas vivre là où tu vivras, dit Mme Capel.

— Et toi, fillette ? demanda-t-il.

— Maman a parlé pour moi en même temps que pour elle.

— Cependant il y a un point sur lequel la réponse de ta mère ne suffit pas et où je veux la tienne : c'est celui qui touche à ton mariage : à Diélette, les maris seront rares.

— Oui, mais à Cherbourg ils sont nombreux, répliqua Mme Capel.

Et elle expliqua comment au bal de la préfecture Suzanne devait trouver un mari.

Mais M. Capel ne la suivit pas :

— Ça, c'est de l'imagination féminine et maternelle ; très jolis dans un roman les mariages qui se font au bal, mais dans la réalité moins faciles.

— Cependant, mon ami, laisse-moi te dire que...

Suzanne intervint :

— Ne vous inquiétez pas de moi, dit-elle avec le sourire énigmatique qui se montrait souvent sur ses lèvres, quand il était question de son mariage.

— Ne me dis pas que tu renonces à te marier, interrompit son père.

— C'est entendu, tes idées seront respectées : je te promets de ne pas mourir vieille fille.

— Alors, explique-toi.

— C'est que précisément je voudrais ne pas m'expliquer, comme je vous demande de ne pas vous inquiéter; Diélette ne m'empêchera pas de me marier. Faites-moi crédit d'un mois, et je vous dirai alors ce que j'espère.

— Qui as-tu en vue? s'écria la mère.

— Es-tu donc engagée? demanda le père plus gravement.

— Un mois, dit-elle en riant; vous ne me refuserez pas ce crédit; ce que je peux dire aujourd'hui, c'est que j'ai des raisons pour croire qu'un mari qui vous satisfera sous tous les rapports viendra me demander ici-même, mais, pour le reste, permettez-moi de ne pas préciser davantage.

— Davantage! dit M. Capel.

— Je vous en prie, n'insistez pas.

— Tu peux bien nous dire qui est ce mari attendu, et tu dois reconnaître que de la part d'un père ce n'est pas beaucoup demander.

— Mais c'est tout.

— Je suis sûr que c'est Paul Verluise, s'écria M. Capel.

— Je croirais plutôt à Camille Rochas, dit la mère,

— Pas de noms, répondit Suzanne en riant, pas plus celui-ci que celui-là.

Elle se défendit si bien, en badinant, qu'elle parvint à ramener l'entretien sur l'installation à Diélette, et que, jusqu'au retour à l'hôtel, il ne fut plus question que de cette installation, de la maison, du poulailler, de l'écurie, de la vache.

Mais quand le père et la mère furent seuls dans leur chambre, ils revinrent à ce mari :

— Qui crois-tu que ta fille ait en vue ?
demanda M. Capel.

— Et toi ?

— J'ai pensé à Paul Verluise.

De son côté, elle persista dans son idée
première : des jeunes gens qui appro-
chaient Suzanne, elle ne voyait que Camille Rochas qui pût être accepté par
sa fille.

— Peut-être ; mais ta fille serait-elle
acceptée par les Rochas ? elle est trop intelligente, trop sensée pour avoir pu l'i-
maginer. Qu'elle ait plu à Camille, très
bien ; elle est assez charmante pour cela.
Camille a du goût et il est assez intelli-
gent aussi pour savoir ce qu'elle vaut ;
mais de là à admettre qu'il pense à l'é-
pouser, il y a tout un monde : il connaît
son père et sait qu'on ne lui laissera faire
qu'un riche, qu'un très riche mariage,
qui lui apporte une fortune égale à celle
dont il héritera un jour. Ne songe donc
pas à Camille.

— Alors je pense comme toi, qu'il s'a-
git de Paul.

— C'est vraisemblable ; mais, ce qui ne l'est guère, c'est que Suzanne se contente de celui-là : si Camille est trop riche, Paul ne l'est pas assez ; au moins en me plaçant au point de vue de Suzanne. de ses idées de grandeur, de son ambition.

II

Pendant que le père et la mère discutaient le mariage de leur fille, Suzanne, dans sa chambre, séparée par une cloison de celle de ses parents, ne pensait point à se mettre au lit. Aussitôt rentrée, elle avait allumé une bougie, et, prenant un *Figaro* placé avec d'autres sur une commode, elle l'avait ouvert à la quatrième page pour lire les *Petites annonces :*

« Cham. 3. Arri. entr. 10 et 11 mercredi soir ; glis. n° s. t. por. »

Ce qui, en langage non abrégé, voulait dire :

« Chambre 3 ; arriverai entre dix et onze heures mercredi soir ; je glisserai numéro de ma chambre sous ta porte. »

Le mercredi c'était ce jour même ; la chambre 3 c'était celle qu'occupait Suzanne ; le numéro qui devait être glissé sous la porte de Suzanne était celui de la chambre qu'occuperait le voyageur, qui arriverait entre dix et onze heures.

Comme il n'était encore que neuf heures et demie, Suzanne s'assit devant sa fenêtre grande ouverte et attendit.

On se couche tôt à Diélette ; déjà le quai était désert, éclairé seulement par la devanture de l'auberge restée ouverte, et aussi par le feu fixe du fond du port qui, par-dessus la jetée, projetait au large sa lumière rouge ; à de longs intervalles, une ombre traversait lentement ce rayon lumineux, — celle d'un douanier, qui, dans sa monotone faction, passait et repassait devant une bisquine en chargement.

Le temps s'écoula ; l'oreille aux aguets, Suzanne écoutait, se penchant à chaque instant en dehors de sa fenêtre, pour tâcher de saisir, dans le silence de la nuit, un bruit qui lui annonçât l'arrivée de celui qu'elle attendait.

Comment viendrait-il? A pied, en voiture? Elle n'en savait rien; mais il paraissait vraisemblable d'admettre que, ne connaissant pas ce pays, il se ferait conduire par un cocher. C'était donc un bruit de voiture qui devait annoncer son approche.

Vers dix heures, au loin, elle crut entendre un roulement, et, presque aussitôt, une claire sonnerie de grelots qu'accompagnait une batterie de coups de fouet. Dans l'ombre, elle vit poindre et grossir la lueur d'une lanterne; une petite charrette, qu'on appelle dans le pays une *maringotte*, arrivait grand train; elle s'arrêta devant l'auberge, et un jeune homme sauta légèrement à terre.

— Vous avez une chambre à me donner? dit-il à la servante qui était venue au-devant de lui.

— Pour sûr.

Il avait levé les yeux vers Suzanne,

mais il ne l'avait pas saluée et n'avait
échangé aucun signe avec elle.

Quittant sa fenêtre, Suzanne vint à la
porte de sa chambre, et elle écouta : bientôt elle entendit un bruit de pas dans le
corridor, celui d'une chaussure souple
et celui plus lourd, lent et traînant, des
savates de la servante ; puis le silence
se fit.

Alors Suzanne ferma sa fenêtre, et,
ayant défait ses bottines, elle les rem-
plaça par des pantoufles, mais, au lieu de
se déshabiller, elle s'assit contre la porte,
et de nouveau elle attendit.

Un temps assez long s'écoula ; successivement, les bruits de la maison s'éteignirent ; vingt fois, avec impatience, elle
colla son oreille contre la feuillure, mais
sans rien entendre : au dedans le silence
de la nuit ; au dehors le clapotement de
la mer contre le quai. A la fin, elle crut
saisir dans le corridor un glissement de
pas légers ; et presque aussitôt, elle vit se
glisser sous la porte la blancheur d'un
morceau de papier. Avant qu'il eût été
abandonné par la main qui le poussait,
elle le prit, et l'ayant rapidement déplié,

elle le lut : il ne contenait qu'un chiffre inscrit au crayon — 9.

Les pas s'éloignaient prudemment, comme ils étaient venus, et, dans l'auberge endormie, rien ne troubla plus le silence. Alors, avec précaution, elle tourna la clé de sa serrure, nouvellement huilée, et le pène ne grinça point. Elle n'avait pas pris sa bougie, mais la lumière que jetait, dans le corridor, une porte entr'ouverte, la guida. Elle se dirigea vers le n° 9, qui se trouvait à l'autre bout du corridor.

Comme elle entrait, un bras l'enserra, et, derrière elle, la porte fut refermée.

— Suzanne, ma Suzanne !

— Cher Camille !

— Ma femme, ma chère petite femme !

— C'est vrai ?

— C'est pour te demander à tes parents que je viens.

Elle lui jeta les bras autour des épaules, et le serrant dans une étreinte passionnée :

— Je mourais d'angoisse, n'osant supporter les regards, m'imaginant chaque matin qu'avant le soir la vérité serait connue.

— Enfin, nous n'avons plus rien à craindre.

— Mais regarde-moi donc.

Jusque-là, ils avaient parlé à voix basse, mais ces derniers mots furent à peine articulés et, s'écartant, elle se posa devant lui de manière à ce que la lumière la frappât en plein dans une attitude gracieuse où il y avait autant de coquetterie que de confusion.

— Regarde.

— Je ne vois qu'une chose, dit-il en la contemplant tendrement, c'est que je te retrouve plus charmante, plus belle que jamais.

— Il ne s'agit ni de charme ni de beauté.

— Je t'assure qu'il faut savoir pour voir ; mais enfin, quoi qu'il en soit, tu ne dois plus te tourmenter, puisque dans quinze jours nous pouvons être mariés.

— Tu as le consentement de ton père ?

— Il n'a plus de raisons pour me le refuser?

— Tu ne l'as donc pas?

— Écoute-moi.

Il la prit par la main, et l'attirant doucement, il la fit asseoir sur une chaise, puis il s'assit près d'elle, sans abandonner la main qu'il retenait et serrait dans la sienne:

— Tu me fais peur, murmura-t-elle.

— Certainement, ce que j'ai à t'apprendre est malheureux, dit-il, mais à un point de vue, celui qui touche le plus notre amour, heureux aussi; de sorte que je ne sais trop si nous devons nous en désoler ou nous en réjouir.

— Ton père veut te marier, s'écria-t-elle.

— Mon père ne veut rien, ne peut rien... il est ruiné.

— Ruiné? ton père! avec sa fortune!

— De cette fortune il ne reste rien... que des dettes. Tu sais qu'il soutenait un grand procès en responsabilité?

— N'avait-il pas été gagné?

— Devant toutes les juridictions par
lesquelles il avait passé ; il en restait une
dernière où il a été perdu, et l'arrêt est
définitif ; c'est l'effondrement : hôtel, châ-
teaux, terres, tableaux, tout sera vendu ;
et il est certain dès maintenant que la
fortune de mon père, si grosse qu'elle
soit, sera insuffisante pour combler le
gouffre... c'est donc la ruine, la ruine
complète, il n'y a pas d'illusions à se
faire ; heureusement ce n'est pas le dés-
honneur. Le coup est terrible, si rude, si
écrasant, que mon père, je le crains bien,
ne s'en relèvera pas ; c'est donc moi qui
vais devenir chef de famille : l'homme in-
telligent, puissant, si riche d'idées, va
disparaître, et le jeune homme inutile,
élevé pour une vie oisive et brillante, de-
vra le remplacer. Eh bien, cela ne m'abat
ni ne m'effraie, car, si tout lui manque,
moi je t'ai, et je sens qu'avec toi, que
pour toi, je saurai lutter. Sans doute, ce
n'est plus cette vie brillante que j'ai à
t'offrir, et celle dont nous devrons nous
contenter sera bien modeste, mais qu'im-

porte, puisque nous nous aimerons. En
venant, j'ai fait mon plan, veux-tu que je
te le dise?

Elle écoutait, comme si elle ne comprenait pas, ne le regardant pas, les yeux
baissés, de peur de se trahir et de laisser
lire en elle.

— Quel plan? 'murmura-t-elle.

— Mais celui de notre vie quand nous
serons mariés.

— Tu as annoncé notre mariage à ton
père?

— En ces derniers temps il était trop
tourmenté, trop angoissé pour que je
pusse lui parler mariage; au premier
mot, il m'eût fermé la bouche. Et puis,
d'autre part, il y avait cet avantage encore à attendre que, si ce procès lui enlevait une partie de sa fortune, je le trou-
verais moins exigeant : aujourd'hui, ce
n'est pas une partie qui est perdue, c'est
la totalité, et il ne peut plus avoir d'exi-
gences d'aucune sorte. Ruiné comme
nous le sommes, il est tout naturel que
j'épouse une fille sans dot ; et comme mon

père a de l'estime pour tes parents ; comme, pour toi, il n'a que de l'amitié, il est certain qu'il sera heureux de notre mariage : tu vois que dans quinze jours nous serons mariés.

Il l'attira dans ses bras, mais ce fut un corps inerte qui s'abandonna à son étreinte.

— Qu'as-tu ? dit-il.

Elle ne répondit pas, levant les yeux sur lui, elle le regarda, sans qu'il pût lire au fond de ce regard vague et troublé : la main qu'il tenait dans la sienne était froide, agitée de temps en temps de secousses nerveuses.

— Il ne faut pas que la ruine de mon père te bouleverse ainsi, dit-il, tu vois que je la prends avec assez de calme.

— Toi ! mais moi ?

— Il me semble que je suis pourtant le premier sur qui tombe le coup.

De nouveau elle le regarda longuement sans parler.

— Tu trouves ? dit-elle enfin.

— Sans doute ; mais si désagréable

qu'il puisse être de passer brusquement
de la richesse à la pauvreté, je me con-
sole de cette ruine en me disant qu'elle
assure notre mariage. D'ailleurs, depuis
qu'il est décidé entre nous, je me suis
fait à cette idée de pauvreté, car il n'est
que trop certain, je puis te le dire maintenant, que mon père ne m'aurait jamais
donné son consentement. Nous aurions
passé outre ; mais il est non moins certain aussi que, me mariant contre sa
volonté, je me serais trouvé aussi pauvre
que je le suis aujourd'hui, car il ne
m'eût pas fait la plus petite pension.
Donc la situation est la même pour nous.

— Et l'avenir ?

— C'est au présent que je pense : à
toi, à notre amour, à notre mariage.
L'avenir ! je m'en ferai un.

Elle avait eu le temps de se remettre
un peu.

— Moi, c'est à mon père que je pense,
dit-elle.

— Ton père ! demanda-t-il sans comprendre.

— Ton père n'aurait pas accepté une fille sans dot, je me demande si le mien acceptera un gendre ruiné.

— Tu m'avais dit...

— Que j'étais assurée du consentement de mes parents ; comment n'eussent-ils pas accepté avec joie un mariage qui me faisait partager une fortune telle que la vôtre. Aujourd'hui que cette fortune est anéantie, tu te trouves vis-à-vis de mon père dans la situation où je me trouvais il y a un mois vis-à-vis du tien, et je pense à l'accueil qu'il fera à ta demande ; s'il refusait.

— Tu es là.

— Aujourd'hui même nous parlions mariage, et il disait qu'il n'accepterait jamais un gendre qui n'aurait rien. Dans la position qui est la sienne, il n'exige pas une fortune, cependant il veut que, si celui que j'épouse vient à mourir après quelques années de mariage, je ne sois pas réduite à la misère, tandis que lui, grand-père vieilli, est obligé de travailler de plus belle pour élever ses petits-enfants. Ce sont ses paroles que je te rapporte.

— Mais alors.

— Alors ! Que veux-tu que je dise ? Que veux-tu que je sache ?

Elle quitta la chaise où il l'avait fait asseoir, et se mit à marcher par la chambre, agitée, nerveuse, n'essayant rien pour dissimuler son trouble et son émotion ; elle tournait sur elle-même, sans faire plus attention à lui que s'il n'eût pas été là : et il la regardait stupéfait, le cœur serré par une angoisse vague.

Enfin elle s'arrêta devant lui :

— Il avait été convenu, n'est-ce pas, que quand je lirais ton annonce dans le *Figaro*, je saurais que tu viendrais pour me demander à mon père.

— Et c'est aussi pour te demander que je viens.

— Qui va présenter cette demande ? non celui que tu étais il y a quelques jours, mais celui que tu es aujourd'hui, car ton premier mot, n'est-ce pas, doit être la confession de la vérité.

— Assurément.

— Sais-tu, sais-je moi-même comment il accueillerait cette confession : et devons-nous nous exposer à un refus, sur lequel il serait bien difficile, peut-être même impossible de le faire revenir.

— Alors tu ne veux pas que je présente ma demande demain ?

— Je ne veux rien ; je cherche, déroutée.

— Mais ta grossesse !

— C'est elle qui m'affole ; ah ! Camille, quelle faute ! malheureuse, misérable que je suis.

Elle se laissa tomber sur sa chaise, anéantie, défaillante.

Doucement, il voulut la prendre dans ses bras, en murmurant des tendres paroles, mais elle le repoussa.

— Cherchons, dit-elle.

Ils restèrent en face l'un de l'autre, se regardant.

— Ta mère ne t'aime-t-elle pas assez, dit-il enfin, pour que tu lui avoues la vérité ?

— Plutôt mourir, s'écria-t-elle.

— Mourir !

— C'est précisément parce que je sais combien elle m'aime, que je ne ferai jamais un pareil aveu.

— Sans aller jusqu'au bout de la vérité, ne peux-tu pas lui dire que je t'aime ?

— Oui.

— Que nous nous aimons ?

— Oui.

— Elle pèsera sur ton père.

— Mais ce n'est pas en un jour que cela peut se faire : il faut du temps.

Elle s'arrêta, et le regardant longuement en réfléchissant, comme si elle entrevoyait un moyen qu'elle voulait peser.

— Oui, c'est cela, c'est du temps qu'il nous faut. Tu ne peux donc pas parler demain. Il ne faut même pas qu'on sache que tu es venu à Diélette ; tu partiras de bonne heure ; mon père se lève à six heures, il faut que tu partes à cinq.

3.

— Je partirai.

— Je t'écrirai.

— Demain?

— Oui, demain, ou après demain.

— Tu parleras demain à ta mère.

— Cela, je ne te le promets pas; je verrai, je chercherai ; ce n'est pas quand, d'un jour à l'autre, la vérité peut éclater, foudroyante, que je vais perdre du temps.

— J'admets comme toi que ton père ne veuille pas te donner à un mari ruiné, mais si tu lui représentes que ce mari travaillera, gagnera sa vie, la tienne, cette considération pèsera sur lui. Je t'ai dit que j'avais un plan, laisse-moi te l'expliquer.

— Sans doute, tu as raison. Que veux-tu faire ?

Il expliqua ce qu'il voulait, ce qu'il espérait. Chez le père d'un de ses amis, il trouvait tout de suite une position, bien modeste il est vrai, mais enfin qui lui faisait gagner quatre mille francs la première année, cinq mille la seconde.

Il faudrait travailler, et bien qu'il n'eût jamais rien fait, dix heures de travail ne l'effrayaient pas, alors qu'en rentrant il trouverait l'attendant, la femme aimée. Le mobilier de sa garçonnerie lui appartenait, il était plus que suffisant pour meubler confortablement, même avec agrément et bien-être, le petit appartement qu'ils choisiraient dans un quartier désert, sur les limites indécises des Batignolles et de Monceau, — Batignolles pour le prix du loyer, Monceau pour l'adresse à donner.

Et longuement il s'étendit sur leur vie à deux, à trois bientôt, dans ce petit appartement : tout avait été prévu, arrangé : les riches seuls peuvent-ils être heureux ?

III

Quand l'aube blanchit les vitres, Suzanne quitta la chambre de son amant pour rentrer dans la sienne, et, tout de suite, elle se mit au lit, mais ce ne fut pas pour dormir, trop agitée, trop secouée, la tête en feu, le cœur défaillant, enfiévrée et anéantie à la fois.

Un peu avant cinq heures, elle entendit un bruit de pas dans l'escalier, puis la porte sur le quai fut ouverte ; alors elle alla à la fenêtre et écartant le rideau elle vit Camille immobile les yeux levés vers elle ; de la main elle lui fit un signe, et docilement il s'éloigna, mais non sans se retourner plusieurs fois, s'arrêtant de temps en temps, comme s'il ne pouvait se décider à partir et hésitait à revenir sur ses pas.

Le reverrait-elle jamais ?

Ce fut la question qu'elle agita en se mettant au lit, mais sans pouvoir la saisir et la suivre, son esprit troublé allant par sauts désordonnés du présent à l'avenir, pour revenir aussitôt au présent qui l'étouffait.

Quant à sept heures sa mère vint dans sa chambre pour l'éveiller comme tous les matins par un baiser, elle la trouva les cheveux épars sur son lit bouleversé.

— Es-tu malade ?

— Mais non, maman.

— J'ai entendu du bruit dans ta chambre cette nuit ; j'ai voulu venir voir ce que tu avais.

— J'ai mal dormi.

— Il m'a semblé que tu ouvrais ta porte.

— J'ai fermé ma fenêtre.

— Pourquoi as-tu mal dormi ?

— Sait-on jamais pourquoi on ne dort pas.

— Tu es tourmentée par la résolution de ton père.

— Tourmentée, c'est beaucoup dire.

— Je le suis bien, moi, et cruellement ; pas plus que toi je n'ai dormi cette nuit, non en pensant à nous, mais en pensant à toi. Si Diélette t'effraie, si tu crois ne pas pouvoir t'habituer à vivre ici... jusqu'à ton mariage, il faut me le dire franchement : il n'y a encore rien de fait ; j'amènerai ton père à ne pas accepter.

— Mais c'est ce qu'il ne faut pas ; ne fais pas cela je t'en prie, ce serait de la folie.

— C'est aux parents de se sacrifier pour leurs enfants, non aux enfants pour leurs parents.

— Ce n'est pas du tout un sacrifice pour moi d'accepter Diélette.

— Vrai ?

— Très vrai.

— Est-ce en comptant sur ton mariage que tu parles ainsi ?

— Mon mariage ! non, pas du tout, je ne pense pas à mon mariage, je pense à vous, à moi ; sait-on jamais si un mariage se fera tant qu'il n'est pas fait.

— Comme tu dis cela.

— En personne raisonnable, non en petite fille.

— Hier tu paraissais pleine de confiance dans ce que tu nous disais.

— Ah, hier !

— Que s'est-il passé depuis hier.

— Tu sais bien qu'il n'a pu rien se passer.

— C'est-à-dire que tu t'es tourmentée et c'est là ce qui t'a empêché de dormir. La nuit est mauvaise conseillère bien souvent ; il ne faut pas se laisser émouvoir par les imaginations de l'insomnie, il en est d'elles comme des visions de l'ombre, elles exagèrent tout. Alors tu as vu des difficultés à ton mariage ?

— Oui.

— Sérieuses ?

— Très sérieuses.

— Je ne veux pas te questionner...

— Je t'en prie, ne parlons pas de cela.

— A qui te confieras-tu si ce n'est à ta mère? Ne sens-tu pas quel chagrin c'est pour moi qu'il y ait un secret entre nous, — le premier de notre vie : tu veux te marier; jusqu'à un certain point tu es engagée, et je ne sais pas qui tu as choisi, s'il est digne de toi ; toute la nuit je me suis fait des reproches, me demandant si la liberté que je t'ai laissée était d'une mère sage; tendre oui, faible oui, mais sage, mais prudente.

— La meilleure, la plus chère des mères.

Fondant en larmes, Suzanne se jeta dans les bras de sa mère en l'étreignant nerveusement :

— Je te dirai tout... murmura-t-elle en paroles entrecoupées, mais plus tard... laisse-moi choisir mon heure... pas en ce moment... je t'en prie, maman, oh, je

t'en prie, ne me gronde pas... embrasse-
moi... aime-moi.

Et sous les caresses de sa mère elle se
calma, ses nerfs se détendirent, ses
larmes s'arrêtèrent, et, refoulant les sanglots qui faisaient trembler ses lèvres,
elle s'efforça de sourire :

— Tu vois, dit-elle, je suis folle; tu
avais raison, la nuit est mauvaise conseillère, elle exagère tout; j'ai mal dormi,
je suis sottement nerveuse.

— Ce n'est pas d'aujourd'hui que tu
dors mal, je m'en suis bien aperçue
comme je me suis aperçue aussi des
changements qui se sont faits en toi, de
ta pâleur, de ta lassitude générale, de
tes malaises que tu veux me cacher.

— J'ai été inquiète, tourmentée, voilà
tout.

— Maintenant je m'explique ces changements que je ne comprenais pas, et
qui me faisaient chercher, sans rien
trouver de raisonnable; car enfin avec
la vie que nous menons ici, dans ce bon
air, tu dois te bien porter.

— Et je vais bien me porter, je te le promets.

Elle se leva, mais sa mère ne voulut pas la quitter.

— Je vais te coiffer, dit-elle, comme quand tu étais petite ; vois cette chevelure ébouriffée ; est-ce raisonnable, je te le demande, de se mettre dans un pareil état.

Après le déjeuner elles devaient aller prendre des mesures dans la maison qu'ils habiteraient à Flammanville, à une demi-lieue de Diélette, mais Suzanne au dernier moment, demanda à sa mère de rester à l'auberge : elle se sentait fatiguée ; en réalité anéantie, plus d'esprit que de corps, elle voulait être seule pour réfléchir et prendre un parti.

Elle alla s'asseoir sur la jetée et s'y trouva dans un isolement absolu, sans autre distraction que le clapotement monotone des vagues qui brisaient contre les blocs de granit ; à perte de vue devant elle, la mer vide où ses yeux se perdaient.

Elle n'avait plus à se contraindre et

si désespérée qu'elle fût, elle en éprouva un soulagement : maintenant elle pouvait librement regarder en elle, sonder son cœur, juger la situation qu'elle s'était faite et chercher les moyens d'en sortir, — s'il y en avait.

Elle avait voulu la richesse, la vie brillante, le luxe, l'éclat, et c'était à la ruine, à l'humiliante médiocrité, à la chétive et lamentable existence d'une petite bourgeoise qu'elle était arrivée : quatre mille francs, les Batignolles, un mari employé, un enfant ! c'était cela que lui donnerait le mariage riche qu'elle avait poursuivi.

Ainsi elle avait gâché sa vie à plaisir, comme si elle avait le droit, dans sa misère, de donner sa jeunesse et sa beauté à l'amour ; et, aveuglée, affolée, ne voyant que ce qu'elle désirait, elle s'était réjouie de sa grossesse, s'imaginant que c'était le moyen infaillible qui assurerait son mariage et vaincrait les résistances de M. Rochas quelles qu'elles fussent.

Maintenant, combien de temps encore pourrait-elle cacher sa grossesse? Sa mère qui s'inquiétait, et ne se rassurait que parce qu'elle voulait se rassurer, ne tarderait pas certainement à chercher au delà des raisons qu'elle se donnait en ce moment, et ce jour-là, qui pouvait être le lendemain, il fallait que son parti fût pris : résolument, sans faiblesse, sans hypocrisie envers soi-même, sans lâche pitié pour personne, elle devait donc dès maintenant l'arrêter coûte que coûte et quel qu'il fût.

Devenir la femme de Camille était désormais impossible; elle ne se résignerait jamais à pareille abdication, ce serait l'anéantissement de tous ses rêves, la négation de toutes ses croyances; ce serait même le suicide de son amour. Mariée à Camille, riche, qui lui faisait partager la vie brillante pour laquelle il avait été élevé, elle savait, elle sentait qu'elle l'aimerait toujours. Mariée à un employé, mêlée à sa petite existence, qui continuerait les misères dans les-

4.

quelles s'était traînée sa jeunesse, elle sentait qu'elle arriverait bien vite au dégoût.

Renoncer à toute dignité, avouer sa faute, en tirer parti pour se rendre libre, accepter du premier venu le luxe qu'elle voulait d'un mari; n'était-elle pas assez belle, assez intelligente, assez séduisante pour ne pas échouer misérablement de ce côté et réaliser ses ambitions de fortune? Et sa mère et son père comment accepteraient-ils cette honte? Et elle-même?

Plutôt mourir! le mot qu'elle avait dit à Camille sans qu'il traduisît une résolution arrêtée, revenait maintenant et s'imposait.

Quelle autre issue pour elle que celle-là? Son esprit n'en voyait, son cœur n'en admettait aucune.

Ce serait un envolement vers le mieux, un coup d'ailes qui la porterait aux régions sereines où l'attendait un éternel repos. Elle ne serait ni la première, ni la seule partie ainsi volontairement, jeune,

belle, aimée. Plus d'une fois elle avait
entendu parler du suicide, incompréhen-
sible pour le monde, de belles filles désespérées, dont on tâchait d'expliquer la fin
tragique par ce mot si plein qui dit tout,
— l'amour. Elle n'aurait pas moins de
force que ces victimes de la vie, qui,
moins désespérées qu'elle dans le présent, et ayant devant elles un avenir
meilleur que le sien, avaient eu le
courage de mourir pour échapper à l'o-
dieux d'une existence sans dignité. Ce
courage, elle l'aurait aussi, et à l'heure
décisive, elle saurait garder une fière
intrépidité.

A suivre cette pensée son esprit bouleversé se calma; elle se sentit relevée de
ne point rester désarmée, inerte et lâche
devant la fatalité, en tous cas grandie :
elle n'était point de celles qui s'accommo-
dent des banalités et des hontes de ce
monde, et il lui venait une sorte de dédain pour ce qu'elle allait quitter.

La mer était là qui l'attendait, la mer à
laquelle elle s'abandonnerait, qui la ber-

cerait et la rejetterait, en Ophélie, les cheveux dénoués, flottants, les jupes collées
au corps.

Elle voulut voir cette Ophélie, et se
penchant par-dessus le parapet, elle resta
longtemps les yeux perdus dans le flot.
qui battait doucement le pied de la jetée :
l'eau était d'une transparence glauque, et
jusqu'au fond, au milieu du chaos des
rochers, on pouvait suivre le mouvement
des algues qui, dans leurs déroulements
capricieux, donnaient l'illusion d'une
immense chevelure brune caressée par
la vague.

Elle était toujours à la même place,
penchée sur le parapet, quand sa mère,
de retour de Flammanville, vint la rejoindre.

— Comment es-tu ? demanda Mme Capel, en l'examinant avec tendresse ; ton
regard est moins trouble, la mer t'a fait
du bien.

— Oui, répondit Suzanne, avec un
triste sourire, elle m'a fait du bien.

Mais ne voulant pas que sa mère continuât sur ce sujet, elle se hâta de parler de la maison de Flammanville, et Mme Capel déclara que, décidément, elle valait beaucoup mieux qu'on ne pouvait le croire à une première visite.

— Je t'assure que nous y serons très bien, confortablement, et, dans notre étroite intimité, très heureux.

— N'est-ce pas que vous serez heureux ! s'écria Suzanne.

Mais tout de suite, sentant que cette émotion pouvait la trahir, elle reprit en s'efforçant d'être gaie ,

— Voyons, maman, explique-moi comment tu entends cette organisation.

Et longuement Mme Capel donna des explications, se complaisant dans les plus petits détails avec une satisfaction évidente :

— La grande pièce du rez-de-chaussée servira de cabinet de travail à ton père; et nous, nous prendrons la petite salle à côté, de sorte que nous serons bien ensemble, comme il convient.quand on est toujours d'accord; ainsi le vide et la mo-

notonie de la vie de village n'existe-
ront pas pour nous ; de cette petite salle,
il y a une magnifique échappée de vue
sur la mer, qui te sera une continuelle
distraction... si tu restes encore un certain temps avec nous ; si tu te maries
bientôt, tu auras la satisfaction de nous
laisser bien installés, dans les meilleures
conditions pour être heureux, ton père et
moi... comme nous n'avons jamais pu
l'être à Paris ; c'est quelque chose cela,
n'est-ce pas ?

— La plus grande joie que je puisse
emporter.

Le soir, à l'heure à laquelle son père
devait revenir, elle voulut aller au devant
de lui, et quand elles l'eurent rencontré,
elle lui prit le bras, en se serrant contre
lui.

— Es-tu content de ta journée ? demanda-t-elle.

— Très content ; ça ira très bien ;
maintenant que mon parti est pris, je
vois mieux tous les avantages qu'il nous
offre : il n'y a rien de tel pour avoir la

tranquillité de l'esprit que de savoir ce qu'on veut : tu sauras cela plus tard.

— Je t'assure que je le sais dès maintenant, dit-elle.

Elle voulut que sa mère racontât les dispositions qu'elle avait prise pour leur emménagement :

— Certainement, dit M. Capel, nous serons très bien ; il arrive un âge où l'on comprend que le bonheur est dans la médiocrité.

— Oui, mais il faut être arrivé à cet âge.

— Tu verras.

— Ce que je vois pour le moment, c'est que les choses s'arrangent à votre convenance et j'en suis bien heureuse.

— Et à la tienne ?

— Oh ! à la mienne aussi certainement ; mais moi je ne compte pas.

— Cela veut-il dire que tu penses nous quitter bientôt ?

Elle dut faire un effort pour affermir sa voix :

— C'est mon secret.

Elle dit ces quelques mots d'un ton enjoué; mais sentant que les larmes lui montaient aux yeux, elle abandonna le bras de son père pour aller cueillir une rose à un églantier, dont les branches tombantes pendaient sur le fossé de la route; puis quand elle se fut un peu calmée, elle revint et lui mit la rose à sa boutonnière.

— Ce que je vois aussi, reprit-elle, c'est que vous ne vous séparerez plus, et que tu ne resteras plus absent pendant des mois entiers, comme lorsque tu courais la France pour tes affaires, retenu ici ou là, sans jamais savoir pour combien de temps.

— J'en ai assez de ces voyages, et ce n'est pas à moi qu'il faut vanter les charmes de la vie de famille, ni les douceurs de la sécurité; si je n'en ai pas joui plus tôt, ce n'est pas ma faute.

Elle le savait, comme elle savait aussi, que si quelquefois des nuages s'étaient élevés entre ses parents, qui avaient amené quelques petits orages, c'était dans les difficultés de la vie, dans les mauvaises affaires qu'ils s'étaient formés. Cela n'était donc plus à craindre; cependant il y avait un point qu'elle aurait voulu aborder, mais qui lui paraissait bien difficile : comment, fille respectueuse qu'elle était, dire à son père : « Je te demande d'être plus doux avec ma mère que tu ne l'as été jusqu'à présent, et de ne pas t'abandonner à des emportements qui la bouleversent et la chagrinent pour longtemps?... La recommandation ne serait-elle pas aussi étrange que déplacée sur ses lèvres? et d'autre part, ne serait-elle plus tard une révélation. Après avoir tourné vingt fois dans sa bouche une phrase qu'elle ne put pas arriver à prononcer, il ne lui vint qu'une chose : attirant sa mère à elle de façon à ce qu'ils fussent tous les trois réunis :

— Vous vous aimerez bien, dit-elle.

IV

Rentrée dans sa chambre, sa porte bien fermée à clef, ses rideaux clos, Suzanne se déshabilla vivement.

Depuis sa grossesse, elle n'avait point allongé le lacet de son corset, et malgré tout elle continuait à porter les robes ajustées qui avaient été faites à sa taille au commencement de la saison. mais bien souvent elle étouffait et quelquefois avec des spasmes qui menaçaient de la trahir. Cette journée, plus que les autres encore, lui avait été extrêmement douloureuse, et à plusieurs reprises le cœur lui manquant, elle avait cru qu'elle allait défaillir.

Et Camille qui ne voyait pas les changements qui s'étaient faits en elle.

A la vérité, sa mère et son père ne les voyaient pas non plus, mais il fallait

l'accoutumance de chaque jour, surtout
il fallait les précautions qu'elle prenait
pour qu'ils n'en fussent pas frappés :
c'était à peine si elle osait se tenir debout devant eux; elle évitait de marcher
quand ils la regardaient et prenait alors
des attitudes contraintes, qui, à un moment donné, crieraient la vérité.

Quand ? Combien de temps encore, de
jours, d'heures avait-elle pour ne pas se
trahir, et aussi pour que plus tard les
souvenirs de ce qu'ils auraient remarqué,
leur revenant, ne fussent pas une accusation contre elle : leur douleur serait
assez cruelle pour qu'elle n'y ajoutât
pas une humiliation.

Si elle avait eu dans sa chambre une
psyché ou une armoire à glace, elle aurait pu s'examiner, mais elle n'avait
qu'un petit miroir accroché à un clou, et
depuis qu'elle était à Diélette, elle n'avait
pas trouvé de place dans laquelle elle pût
se voir en pied. Elle décrocha ce miroir,
et le posant sur une chaise, en l'incli-
nant et en l'éclairant de son mieux, elle

tâcha de se rendre compte à peu près exactement de son état.

Elle fut épouvantée; c'était miracle que l'aveuglement de sa mère persistât encore et qu'elle demandât à des causes morales l'explication de ce qui crevait les yeux.

Elle ne pouvait donc plus attendre, et au plus tôt, le lendemain même, il fallait qu'elle exécutât sa résolution, ou bien il serait trop tard.

Quand elle était arrivée à la conclusion qu'il n'y aurait pas d'autre issue à sa situation que la mort, elle avait éprouvé un certain calme, celui que donnent les résolutions arrêtées : « Elle mourrait; eh bien! elle mourrait, et ce serait fini. » Mais quand elle vit la mort si près d'elle, quand elle sentit le froid de sa main qui se posait sur son épaule pour la pousser dans la mer, ce fut un anéantissement et une défaillance qu'elle éprouva.

— Eh quoi! si tôt? non à une époque indéterminée, mais tout de suite, demain.

Sa jeunesse se révolta; elle accusa Camille, elle l'appela bourreau, assassin; et elle s'apitoya sur ceux qui l'aimaient et qu'elle allait désespérer.

Sa nuit fut terrible : une agonie; elle se dit qu'elle était folle de vouloir mourir, qu'on ne meurt pas à vingt ans; que la vie a des hasards miraculeux et qu'elle garde des revanches splendides à ceux qui ont la force de ne pas désespérer. A un moment de la nuit, elle sauta en bas de son lit et alla jusqu'à la cloison de la chambre de ses parents pour appeler sa mère à son secours; elle lui dirait tout, et à elles deux elles trouveraient un moyen de salut. Mais, la main levée, elle s'arrêta : de salut, il n'y en avait que dans le mariage avec Camille, c'est-à-dire la misère, l'humiliation, et en fin de compte la mort de son amour.

Une à une elle refit toutes les étapes par lesquelles elle avait passé, et, au matin, elle était aussi ferme dans sa résolution qu'au moment où elle l'avait prise.

Tout ce qu'elle accorda à son attendris-

sement, ce fut un retard d'un jour : ce
ne serait point le lendemain qu'elle en
finirait, ce serait le surlendemain ; c'était
une journée de grâce qu'elle se donnait
et donnait aux siens.

Quand elle entendit ouvrir les portes
au rez-de-chaussée, elle se leva, passa
un peignoir, s'enveloppa dans un fichu
de grosse laine et sortit.

Ce ne serait point de la jetée, comme
elle le voulait la veille, qu'elle se laisserait tomber à la mer ; du port on pourrait
la voir, venir à son secours, la sauver ; il
lui fallait un endroit désert où elle fût
certaine d'être à l'abri d'un sauvetage
ridicule, et elle espérait le trouver sur la
falaise. A la sortie du village, elle prit
un sentier qui, par une pente raide, cou-
pait au court en laissant la route et la
rivière sur la gauche, et en dix minutes
elle arriva au sommet des falaises, en
pleine campagne, en plein désert. Elle
regarda autour d'elle, et, comme elle
l'avait prévu, sans apercevoir personne ;
dans la lande, au-dessus de sa tête, elle

n'entendit que le chant des alouettes, et
au-dessous que le murmure des vagues
qui montait du rivage ; le soleil levant
rasait de ses rayons obliques l'herbe per-
lée de rosée et tombait sur la mer calme
qui, au delà de l'ombre noire des falaises,
resplendissait comme un miroir.

Elle continua d'avancer jusqu'à un petit vallon qui se creusait légèrement
entre deux masses de granit aux aiguilles
grisâtres, et là elle s'arrêta ; nulle part,
assurément, elle ne pourrait trouver un
lieu plus propice ; il n'était pas de surprise possible, et au-dessous de la falaise
qui montait à pic, à une centaine de mètres de profondeur, la mer ; par une pente
douce l'herbe descendait jusqu'à la bri-
sure de la roche, elle n'aurait qu'à se
laisser glisser.

Comme elle approchait du bord pour
se pencher au-dessus de l'abîme et en
sonder la profondeur, elle entendit une
voix qui criait :

— Hé ! mademoiselle !

Elle se retourna effrayée, effarée, et

d'une hutte qu'elle n'avait pas aperçue,
parce que son toit bas et gazonneux se
confondait avec la lande, elle vit sortir
un douanier enveloppé dans son manteau, qui vint à elle en secouant les brins
de paille dont il était couvert :

— Pardon, excuse, mademoiselle, de
vous avoir interpellée ; mais, voyez-vous,
ce n'est pas à faire de s'approcher comme
ça du bord de la falaise sur le gazon
mouillé de rosée ; on a bien vite glissé,
et adieu la compagnie ; vous ne seriez pas
la première à qui ça serait arrivé ; il vaut
mieux suivre notre sentier ; et vous savez
ce que j'en dis, c'est pour votre bien.

Elle le remercia, et, prenant le sentier, comme il le lui recommandait, elle
redescendit au village.

Comme la veille, sur la jetée, après
avoir arrêté sa résolution, elle se sentait
calme et ferme ; les effarements, les
lâchetés de la nuit avaient disparu. Elle
voyait de haut maintenant, jugeant de
plus haut encore, et avait comme de la
pitié pour les agitations de ce monde

qu'elle quitterait le lendemain. Un soulagement lui venait de penser que c'était fini, qu'elle se détacherait de ce monde misérable où il n'y avait pour elle désormais qu'humiliations et dégouts. Un apaisement, une sérénité très grande se faisait en elle; méprisante pour ce qu'elle allait abandonner, confiante en ce qu'elle allait trouver, elle se donnait à des espérances nouvelles qui lui faisaient entrevoir l'au-delà avec un sentiment de sécurité.

Elle trouva, en rentrant, sa mère qui l'attendait, inquiète.

— Pourquoi es-tu sortie?

— J'avais besoin de prendre l'air.

— Où as-tu été?

— Sur la falaise.

— Tu ne t'es pas trop fatiguée?

— Au contraire, je t'assure que je reviens bien plus vaillante qu'en partant.

— Alors, si tu n'es pas lasse, voudras-tu monter avec moi à Flammanville, après déjeuner?

— Mais, bien sûr; avec toi, toute la journée; ne pas te quitter.

— J'ai des explications à donner au menuisier; tu lui diras aussi ce que tu veux.

— Mais je ne veux rien.

— Pourquoi rien?

— C'est-à-dire rien que ce que tu veux toi-même. Est-ce que tu ne prévois pas tout?

Après le déjeuner, elle accompagna son père et sa mère à Flammanville, et ils passèrent la journée dans leur nouvelle maison et son jardin, où Suzanne tailla les rosiers défleuris, certaine qu'ils deviendraient chers à ses parents, par cela seul qu'elle les aurait soignés.

Ils ne redescendirent à Diélette que pour le dîner, et le soir ils allèrent tous les trois s'asseoir sur la jetée; elle s'arrangea pour se placer entre eux de façon à leur tenir la main, et ils restèrent là jusqu'à la nuit, sans que personne vînt les déranger, en face de la mer tranquille.

— Explique-nous donc la marche que
tu vas donner à tes travaux? dit-elle à
son père.

Et comme ce que M. Capel aimait par-
dessus tout, était de parler de ce qu'il
voulait faire, il se complut dans ses ex-

plications; maintenant il ne voyait plus
que les beaux côtés de l'entreprise, et il
avait même perdu le souvenir des criti-
ques que quelques jours auparavant il
accumulait contre elle.

Sans rien dire Suzanne écoutait, et de

temps en temps elle lui pressait la main dans un mouvement qu'il prenait simplement pour de l'approbation, ou bien elle s'appuyait sur sa mère, et se pelotonnait contre elle.

Quand la fraîcheur de la nuit commença à se faire sentir, Mme Capel se méprenant aussi sur le mouvement de tendresse de sa fille, l'attribua au froid, et sans rien en dire pour que Suzanne ne se défendît pas, elle voulut rentrer.

— Déjà, dit Suzanne, il m'aurait été doux que cette belle soirée ne finît jamais ; nous étions si bien.

— Elle est froide, cette belle soirée, répondit Mme Capel.

— Elle annonce un changement de temps, dit M. Capel.

— Alors, rentrons, dit Suzanne.

Quand ils furent montés à leur chambre, elle dut se retenir pour ne pas les embrasser avec une effusion qui l'aurait trahie.

— A demain.

— Bonne nuit.

Ce fut le souhait de sa mère ; mais comment aurait-elle pu être bonne, cette nuit, où Suzanne devait écrire à Camille. Cette lettre avait été une des plus douloureuses préoccupations de sa journée : l'écrirait-elle ? ne l'écrirait-elle point ? A la fin elle s'était décidée à l'écrire, mais sans arrêter ce qu'elle lui ferait dire.

Longtemps elle resta assise devant sa table, la tête enfoncée dans ses mains, si parfaitement immobile que, sans l'irrégularité précipitée de sa respiration, sans la solidité et l'aplomb de son attitude, on eût pu croire qu'elle était endormie : quand elle abaissa enfin les mains, ses yeux avaient un éclat froid et ses lèvres entr'ouvertes dessinaient un sourire hautain. Plusieurs fois elle trempa sa plume dans l'encrier, mais sans pouvoir se décider à commencer, retombant dans son recueillement pendant que l'encre séchait.

Enfin elle inclina les épaules, plia le cou, et avec un emportement qui faisait courir sa main sur le papier, elle écrivit :

« Vous ne saviez pas que vous me tue-
« riez. C'est vous seul qui le saurez. Je
« vous fais l'honneur d'une confidence.
« Demain, le matin ou le soir, à l'heure
« où je pourrai m'échapper, en tous cas
« avant que vous ayez cette lettre, je me
« jette de la falaise de Flammanville,
« dans la mer. La place est belle, je l'ai
« examinée, sûre pour mon projet. Drôle
« de fin, n'est-ce pas; mais je vous le dis
« sans amertume, la meilleure pour moi.

« Vous n'aviez pas pensé à cela. Ne
« vous en étonnez pas plus que je ne
« m'en étonne moi-même.

« Il faut que mes parents croient à un
« accident. Mon cœur saigne de l'atroce
« douleur qu'ils vont ressentir; je ne
« veux pas la rendre plus terrible encore.
« Ne faites pas de grandes histoires, ni
« de grands hélas en lisant cette lettre,
« pas de bras au ciel ni d'exclamations;
« les démonstrations dramatiques n'ont
« jamais servi qu'à faire perdre du temps,
« et il ne faut pas que vous en perdiez :
« je suis pressée. Vous prendrez donc le

« plus prochain train qui pourra vous
« amener à Diélette. C'est justement pour
« vous demander cela que je vous écris.
« Vous trouverez bien quelque bonne
« raison pour expliquer votre arrivée :
« une demande en mariage.

« J'ai, j'aurai besoin de vous. Je veux,
« dès que j'aurai été retrouvée, être en-
« terrée ici, dans le cimetière de Flam-
« manville, à quelques pas de la maison
« que vont habiter mes parents. Peut-être
« auraient-ils la pensée de me faire
« transporter à Paris pour me réunir à
« mes grands parents. Je ne veux pas de
« Paris. Je n'en veux pas pour moi. Je
« n'en veux pas pour eux. Si l'on m'en-
« terre ici, ils voudront rester près de
« moi à jamais, et je suis certaine que les
« années qu'ils ont encore à vivre leur
« seront moins dures ici qu'elles ne le
« seraient à Paris.

« Quand vous parlerez de cela, vous
« n'aurez pas de mal à vous faire écouter ;
« les malheureux seront fous de déses-
« poir, ils suivront l'impulsion qu'on leur

« donnera. Vous avez bien le droit de
« parler, d'ailleurs, puisque vous êtes
« mon fiancé. Pauvres êtres que j'aime !
« je suis anéantie à la pensée du mal que
« je vais leur faire, et c'est ma plus
« cruelle punition.

« Vous le voyez, c'est encore d'une
« fantaisie que je vous entretiens, mais
« c'est la dernière et j'attache une très
« grande importance à ce qu'elle se réa-
« lise. Après avoir tant attendu de la vie,
« tant espéré de choses qui m'ont man-
« qué, il n'est que juste, n'est-ce pas, que
« j'aie le tout petit bonheur de trouver
« une satisfaction après ma mort. Je
« vous la devrai.

« On dit qu'il est fâcheux pour l'âme
« de mourir sans pensée de pardon en-
« vers ceux qui vous ont fait du mal, ne
« croyez pas que je meure en gardant
« contre vous des sentiments de rancune.
« On devient généreux si près de sa fin :
« je n'en veux plus qu'à moi-même, mais
« je ne m'absous point.

« Adieu. »

V

Elle relut sa lettre avec son sourire de
désabusée, le même qu'elle avait eu en la
méditant, un peu plus accentué, l'œil indifférent, sans chaleur, la lèvre détendue
comme si elle était animée d'une émotion
orgueilleuse.

Elle était contente d'elle : quelle femme
elle eut été si le sort s'était fait plus
clément !

Et elle resta immobile, sa lettre devant

elle, souriant comme avant de l'écrire :
au moins elle ' n'était ni faible, ni
lâche.

Le temps s'écoula; à la fin la fatigue
inclina son cou, et elle appuya la tête sur
ses bras croisés qui couvraient sa lettre.

Quand elle s'éveilla, ses vitres avaient
blanchi; elle se redressa effarée.

Le souvenir de la lettre qu'elle avait
écrite lui revint; c'était sa dernière au-
rore qui se levait; elle saluait sa dernière journée. Toute frémissante de froid
autant que d'émotion elle eut un geste
d'atroce désespoir, et brusquement elle
se cacha la figure de ses deux poings, ne
voulant pas voir l'horrible apparition qui
se dressait devant elle.

Mais cette faiblesse ne fut que d'une
minute; ses mains retombèrent; ses
grands yeux troublés reprirent peu à peu
le regard ferme et luisant de la nuit, et
avec une sorte de tranquillité elle mit
dans une enveloppe, qu'elle cacheta, la
lettre pour Camille.

Tout dormait encore dans la maison,

elle alla à sa fenêtre et, soulevant le rideau, regarda au dehors : le port était désert enveloppé dans les vapeurs d'une petite pluie fine.

Elle resta là un certain temps qu'elle ne mesura pas, et ce furent les bruits de la maison quand elle s'éveilla qui la tirèrent de son engourdissement. Maintenant élle pouvait sortir pour aller jeter la lettre à la poste. Elle endossa un pardessus, cacha ses cheveux ébouriffés sous un fichu et avec précaution sortit de sa chambre. La boîte se trouvait à une cinquantaine de mètres de l'auberge ; elle franchit cette courte distance rapidement ; mais au moment de jeter sa lettre elle s'arrêta ; ce ne fut une hésitation que d'une seconde ; elle desserra les doigts, et le léger bruit qu'elle fit en glissant lui retentit dans le cœur.

C'était fini. Elle venait de se condamner : avant le soir, il fallait qu'elle fut morte.

Allons, elle avait été brave.

Elle revint lentement, et rentra dans

la chambre comme elle était sortie, sans
bruit.

Qu'allait-elle faire pour employer son
temps, dont il lui restait si peu?

Elle s'occupa de sa toilette et s'habilla
avec coquetterie : sa coiffure la retint
plus d'une heure ; elle voulait qu'elle fût
solide pour n'avoir point les cheveux tout
en désordre quand on la retrouverait, et
elle serra fortement ses longues nattes,
en se disant que maintenant il n'y aurait
plus que sa mère qui les peignerait.

Elle savait bien qu'elle s'attendrissait
avec de telles pensées, qu'elle s'enlevait
du courage, mais elle se sentait gagnée
par une mélancolie qui lui semblait douce
à se rapprocher ainsi de sa mère, à prévoir ses soins lorsqu'il ne resterait plus
d'elle, de la brillante et audacieuse Suzanne, qu'un pauvre corps raidi, vide de
son âme.

Elle savait bien qu'au lieu de revenir
dans cette chambre, sa lettre mise à la
poste, elle eut dû s'enfuir sans revoir
personne, et d'une traite, sans réfléchir,

monter à la falaise ; qu'elle allait s'amol-
lir sous les regards de ceux qu'elle aimait ; que la voix de sa mère, cette voix
qu'elle entendait à son réveil depuis son
enfance, allait la bouleverser et l'anéan-
tir ; mais la quitter ainsi eût été trop
cruel, et si au moment de la séparation
le baiser qu'elle leur donnerait la laissait
moins forte, du moins garderait-elle sur ses
lèvres le baume d'une caresse, en elle la
consolante sensation d'un dernier abandon dans des bras chéris.

Sa mère ne viendrait-elle point comme
tous les matins ? Il lui semblait que
l'heure ne marchait pas. Si elle n'avait
pas craint d'éveiller un soupçon en changeant des habitudes adoptées depuis longtemps, elle aurait été la trouver la première. Chacune des minutes qui s'écoulaient lui étaient éternelles ; maintenant
qu'elle n'avait plus qu'à attendre, c'était
du temps perdu pour sa tendresse.

Enfin elle entendit grincer le pène de
la porte de ses parents et dans le corridor les pas de son père. Bien qu'il ne

fût pas conforme à l'usage qu'elle lui parlât lorsqu'il partait, elle ne put pas résister à l'impulsion qui la poussait vers lui, et elle ouvrit.

— Déjà levée et habillée, dit M. Capel en l'embrassant; le temps n'est guère engageant cependant.

Elle ne trouva rien à répondre que les paroles qu'elle avait sur les lèvres, si imprudentes qu'elles fussent :

— Tu vas revenir déjeuner?

— Pourquoi veux-tu que je ne revienne pas ?

— Tu vas revenir ?

— Certainement.

Et il s'éloigna sans se laisser arrêter par la main qui retenait la sienne.

Bientôt après qu'elle fut rentrée, des pas plus légers glissèrent sur le carreau du corridor : c'était la dernière fois que sa mère allait entrer chez elle, ayant aux lèvres ces questions de tous les matins, pleines d'un intérêt depuis quelques jours si anxieux :

— Comment vas-tu? As-tu bien dormi?
Approche que je vois ta mine?

Lorsqu'elle poussa la porte, Suzanne,
les jambes tremblantes, n'eut pas la
force de se contenir :

— Maman! s'écria-t-elle, emportée par
sa pensée.

Elle prit sa mère dans ses bras, sans
que Mme Capel eût l'idée de s'étonner
d'une effusion qui, en somme, se trouvait
d'accord avec la nature de sa fille.

— Pourquoi donc es-tu déjà habillée?
demanda-t-elle.

— Parce que je me suis éveillée de
bonne heure.

La conversation s'engagea, comme tous
les matins, mais Suzanne, qui sentait
son cœur se fondre d'amour et était sou-
levée par des élans de tendresse, ne pouvait s'enfermer tranquillement dans les
banalités de chaque jour; de temps en
temps elle embrassait la main de sa mère,
qu'elle avait prise dans les siennes, et
tout à coup, sans raison, sans que rien
eût amené son cri :

— Maman, si tu savais comme je t'aime !

— Chère petite, si tu savais, toi, comme tu me rends heureuse!

En un pareil instant, quand elle éprouvait une si profonde douleur de l'abandonner et de lui laisser un inguérissable désespoir, le mot était terrible; cependant elle le releva :

— Bien vrai? dit-elle, j'ai été une bonne fille?

— Oui, ma chérie.

— Toujours?

— Toujours.

— Tu ne te rappelles pas que je t'aie jamais fait un chagrin... j'entends sérieux?

— Jamais.

— Tu en es sûre?

— Mais certainement.

— C'est que si cela était, je t'en demanderais pardon, et tu me pardonnerais? N'est-ce pas que tu me pardonnerais.

Elle trouvait calmant de laisser d'elle un souvenir pur, fière de s'entendre dire qu'elle avait fait son devoir d'enfant. Son émotion devint si forte qu'elle oublia ce qu'il y avait de dangereux dans ces paroles que sa mère se rappellerait plus tard. A savourer ainsi cette joie suprême de mourir en paix avec la bénédiction de ceux qu'on a aimés, elle se sentait gagnée par une indulgence profonde ; il lui semblait qu'elle devenait meilleure, et tout à coup elle se demanda si elle n'avait point été injuste et injustement cruelle avec Camille.

Pourquoi cette lettre ?

Elle avait cru ne faire qu'une phrase hautaine en lui écrivant : « On devient généreux près de sa fin » ; et voilà que cette générosité dont elle s'était vantée d'abord sans la connaître, sans l'éprouver, naissait en elle, et elle se trouvait coupable en reconnaissant qu'elle avait martyrisé Camille pour le plaisir de se soulager elle-même.

En réalité, il aurait été, il était nul, ce soulagement, et c'était une angoisse que cette lettre lui laissait : elle avait peur qu'il ne gardât pas en lui le dévorant et mortel désespoir d'avoir perdu l'être parfait qui pouvait tout pour son bonheur. Justement, dans cette lettre elle ne s'était pas du tout montré cet être parfait, et son orgueil comme ses dédains n'avaient-ils pas dû déchirer d'une blessure éternellement saignante l'âme de ce garçon qui s'était si complètement donné à elle. Qui sait, une autre femme plus douce, plus humble, soumise. et aimante viendrait peut-être apporter une consolation à l'affligé et effacer le souvenir de la morte, et alors peut-être se dirait-il qu'une fille altière, sans abandon et sans confiance n'est pas faite pour rendre heureux un amant.

Que Camille pût l'aimer moins un jour, qu'il pût ne plus l'admirer, ne plus voir en elle la merveille des merveilles, la divinité, l'idéal, elle trouvait cela poignant, ne voulait pas que ce fût. Ah! pourquoi, volontairement, aurait-elle terni le souvenir qu'elle laisserait; et pourquoi, au contraire, ne s'était-elle pas appliquée à créer autour de sa mémoire une légende qui ne permettrait de prononcer le nom de la chère petite morte qu'avec un respect attendri.

Il avait été convenu avec sa mère qu'elles monteraient à Flammanville avant le déjeuner; elle prétexta la pluie pour renoncer à cette course, et, aussitôt que sa mère fut partie, elle se mit à sa table pour écrire une seconde lettre à Camille; c'était à midi seulement que le facteur faisait l'unique levée de la boîte; elle avait tout le temps d'écrire de façon à ce que cette seconde lettre prît place à côté de la première et que Camille les reçût toutes les deux en même temps. Si elle n'effaçait point entièrement le mal qu'elle avait fait et s'était fait à elle-même, elle le réparerait cependant et l'atténuerait. Cette fois il ne lui fallut pas de longues réflexions : les mots lui montaient du cœur, et elle les traça tels qu'ils lui venaient avec une incohérente abondance :

« Camille, pardon ; j'ai tant souffert !
« N'est-ce pas, tu ne garderas que cette
« lettre ? l'autre n'est pas de moi : elle
« est d'une malheureuse affolée, je la re-
« nie. Non, je ne t'accuse pas ; non, tu
« n'es pas la cause de ma mort ; c'est moi
« qui veux mourir ; c'est parce que j'ai
« bercé mon enfance et ma jeunesse d'es-
« poirs que je ne saurais sacrifier, qui
« font partie de moi-même, auxquels
« sont attachés ma dignité et mon repos,
« que je refuse l'existence que tu peux
« m'offrir, et ce n'est ni par dédain, ni
« par manque d'amour. Je t'aime, mon
« pauvre ange ; mais, vois-tu, une fille
« comme moi triomphe ou disparaît. Je
« disparais : c'est plus vite fait et moins
« douloureux que de mal vivre.

« Ne vas pas douter de ma tendresse,
« mon Camille ; dans quelques heures je
« dirai adieu à tous : ma mère, mon père,
« toi. Je te jure que ta pensée sera avec
« moi, aussi près de moi que la leur,
« aussi près que tu peux l'ambitionner —
« dans mon cœur. Tu m'as tant aimée !

« En t'écrivant se dresse devant moi, ma-
« giquement, le tableau de nos heures de
« bonheur. Sois fier, Camille, tu m'as
« rendue heureuse; tu m'as prise, subju-
« guée, et dans tes bras, sous ton regard,
« j'ai goûté des joies ineffables, et je
« m'épanouis encore si près de la mort
« dans la chaude atmosphère que me fai-
« sait ton amour. Qu'importe la brièveté
« de ces heures; l'important, c'est d'avoir
« connu la félicité, et tu me l'as donnée !

« Maintenant, si je t'adressais une
« prière, reconnaîtrais-tu ta Suzanne?
« Pourtant c'est bien elle qui vient te de-
« mander, te supplier de garder une éter-
« nelle fidélité à ta maîtresse et à ton en-
« fant. Aime-les de loin, envolés, comme
« s'ils étaient à tes côtés, t'adorant. Oh !
« Camille, c'est palpitante que je t'implore
« mais il ne faut pas que jamais puisse
« s'effacer ou seulement s'éloigner de ton
« esprit le souvenir de certaines heures,
« l'image de ta Suzanne ! Je veux, c'est-
« à-dire je désire que ton cœur batte
« comme au lendemain de nos plus belles

« nuits lorsque, dans un an, dans dix
« ans, tu te rappelleras notre passion. Tu
« n'aimeras plus; aucune femme ne doit
« te donner d'émotion; tu vivras sans ca-
« resses, isolé; c'est mon vœu; tu n'au-
« ras plus ni aspirations, ni désirs; tu ne
« te marieras jamais, pas plus que tu ne
« te consoleras. Garde-toi à Suzanne;
« garde-toi tel que tu m'es venu.

« D'ailleurs, tu as des devoirs ici; je te
« charge d'une mission sacrée : tu te dé-
« voueras à ma mère; ne lui as-tu pas
« pris sa fille? De temps en temps tu lui
« donneras quelques instants; vous par-
« lerez de moi; tu chercheras des mots
« pour calmer sa douleur, et, si tu n'y
« parviens pas, tu pleureras avec elle.
« Mais surtout entretiens-la de moi lon-
« guement; il me semble que rien ne
« pourra lui être meilleur. Provoque en
« elle des épanchements; qu'elle s'étende
« interminablement sur sa fille, et écoute-
« la religieusement; puis tu lui rappor-
« teras ce que je disais d'elle, combien je
« l'aimais, quels sentiments de gratitude

« avaient fait naître en moi ses soins et
« ses gâteries ; enfin essaye, invente ce
« que tu voudras pour adoucir le mal que
« j'aurai fait, et que ma mère devienne
« un peu la tienne. Tâche de lui donner
« l'illusion qu'il lui reste un enfant ;
« montre-lui qu'avec toi elle ne sera
« jamais seule en ce monde ; et si un
« jour mon père lui manque, protège-la,
« soutiens-la comme un tendre fils.

« Que de navrantes recommandations,
« mon pauvre cœur ; je m'en sens brisée ;
« il me semble que je suis grandement
« coupable de m'enfuir ainsi, au lieu de
« m'humilier et de supporter l'effondre-
« ment de mon ambition. Mais, vois-tu,
« j'ai lutté, je ne peux pas ; j'aurais trop
« à souffrir.

« C'est donc un adieu définitif que je
« t'envoie ; tu n'auras plus rien de moi,
« ni un mot tracé de ma main, ni un bai-
« ser. C'est ce soir à six heures, à la
« pleine mer, que je me laisse glisser
« dans le vide et ferme les paupières
« pour toujours. Je crois que j'aurai du

« courage ; mais j'ai une inquiétude, une
« faiblesse qui est de n'être pas rejetée
« immédiatement et de ne sortir de l'eau
« que défigurée. S'il en est ainsi, ne me
« regarde pas, conserve-moi devant tes
« yeux telle que j'étais quand tu m'admi-
« rais ; mais si, au contraire, je ne suis
« pas trop laide, embrasse-moi.

« Adieu, mon Camille. Merci de m'a-
« voir si passionnément aimée. Je te dois
« les plus belles heures de ma vie. Ne
« l'oublie pas, cela te fera du bien.

« Adieu ! Je passe mes lèvres sur ces
« lignes. Fais de même : tu recueilleras
« le dernier souffle de ta

« SUZANNE. »

VI

Quand elle eut mis sa lettre à la poste,
au lieu de rentrer à l'auberge, elle
monta la côte de Flammanville ; elle avait

autant de hâte d'être près de sa mère que de peur d'être seule.

Elle n'alla pas bien loin. A moins d'un kilomètre du village, elle aperçut sa mère qui descendait avec son père.

— Comment! tu es sortie? dit Mme Capel d'un ton de reproche.

— Il ne pleut plus guère.

— Plus que ce matin, dit M. Capel en riant.

— Ne me grondez pas d'être venue au devant de vous.

En revenant, elle se mit entre eux, et son regard, alternativement, alla de l'un à l'autre avec une émotion qui lui faisait monter aux yeux de grosses larmes qu'elle essuyait furtivement en se retournant.

Le déjeuner fut difficile; il fallait se contenir: manger, boire, répondre, quand on lui adressait la parole, ne rien dire, ne rien laisser paraître qui, plus tard, fût une accusation. Heureusement elle était d'humeur capricieuse, et les silences, dans lesquels elle tombait malgré elle ce matin-là, n'eurent rien de plus étonnant que les effusions de la veille. Un chien se promenait autour de la table ; à la dérobée, elle lui donna ce qu'elle avait été forcéc de laisser sur son assiette.

Après le déjeuner, au moment de partir, M. Capel lui mit un baiser au front en lui disant amicalement :

— A ce soir, fillette.

Elle resta stupide ; mais à peine s'était-il éloigné de quelques pas qu'elle courut après lui, le prit par le cou, l'embrassa à plusieurs reprises, se fit embrasser et se sauva aussitôt, prête à éclater à cette pensée qu'elle ne le verrait plus, que lorsqu'il rentrerait elle ne serait plus là et qu'il la chercherait ; avec quelles angoisses, le pauvre cher père !

Elle monta dans la chambre de sa mère, et, pour cacher son trouble, alla se coller le visage à la fenêtre, comme si elle s'intéressait à la pluie qui tombait ; puis, quand elle se fut un peu remise, elle suivit des yeux sa mère, qui allait et venait par la chambre, remarquant, no-

tant tout en elle, sa démarche, son air
résigné et doux, son front pensif, les
quelques mèches de cheveux grisonnants
qui lui couvraient les tempes, sa beauté
fatiguée, mûrie beaucoup plus par le
souci que par les années. Et, à la regarder
ainsi, elle s'anéantissait dans l'attendris-
sement, se disant qu'elle allait empoison-
ner le reste de la vie de cette pauvre
femme, qui n'aurait ainsi jamais eu en
ce monde que misère, inquiétude et cha-
grins.

Mᵐᵉ Capel était ordinairement frileuse,
surtout sensible à l'humidité; elle ne tarda
pas à avoir froid; alors elle mit sur ses
épaules un cachemire ancien dont Suzanne se parait dans ses jeux de petite
fille, se drapant dedans pour se promener
avec noblesse, ou pour rester assise, à
bavarder seule dès heures entières, avec
l'animation folle qu'elle mettait à jouer à
la dame « à la grande robe, » comme elle
disait quand elle traînait derrière elle de
longues jupes.

Elle fut bouleversée quand sa mère

atteignit ce châle ; elle se revit petite
fille, avec sa gaieté, son assurance en un
avenir glorieux, sa coquetterie déjà si
accentuée. Combien avait-elle été courte,
cette vie rêvée, voilà que déjà elle était
à sa fin.

Prise d'une idée qui lui permettrait de
satisfaire son besoin de caresses, elle
s'approcha de sa mère, et lui passant la
main sur les épaules :

— Moi aussi j'ai froid, dit-elle.

— Veux-tu mon châle ?

— Et toi ?

— Veux-tu un manteau ?

— Non.

— Veux-tu du feu ?

— Si tu voulais nous pourrions partager le châle, il est assez grand pour nous
deux, nous n'aurions qu'à nous asseoir
tout près l'une de l'autre.

Et sans attendre une réponse, vivement
elle approcha sa chaise de celle sur laquelle Mme Capel était assise, puis écartant un peu le bras de sa mère, elle se
blottit sous le cachemire, comme un oi-

seau sous l'aile maternelle, et elle resta
là pelotonnée ; elle ne parlait point, mais
de temps en temps elle se serrait un peu
plus fort contre sa mère, ou bien elle
respirait le parfum d'ambre dont le châle
était imprégné et qui lui rappelait des
instants joyeux à jamais envolés.

Les heures marchèrent ; la journée s'é-
coulait sans que Suzanne en eût bien
conscience, quand un bruit vint la tirer
de son engourdissement et lui rappeler
la réalité. Elles étaient assises devant
leur fenêtre fermée, mais au milieu de
la chambre, de sorte qu'elles ne voyaient
qu'au loin la confusion de la mer grise et
du ciel chargé de nuages ; la pluie ne
tombait plus, et il s'était élevé un vent
d'ouest qui avait séché les vitres. Depuis
quelque temps déjà un vague murmure
emplissait le port, un clapotement qui,
d'instants en instants, devenait plus fort.
A la fin Suzanne ne put pas n'en être point
frappée ; et comme elle regardait devant
elle instinctivement, elle vit surgir dans
la fenêtre la pointe d'un mât qui se ba-

lançait; c'était la marée montante dont les vagues battaient les quais et soulevaient une barque amarrée devant l'auberge.

Brusquement elle se redressa.

— Qu'as-tu? demanda Mme Capel.

— Ce bruit.

— C'est celui de la marée montante; nous avons la pleine mer aujourd'hui à six heures.

Suzanne, debout, frissonnait de la tête aux pieds, secouée par un émoi qu'elle ne pouvait maîtriser.

Six heures! c'était le moment qu'elle s'était fixé.

Les bras serrés elle essayait de se contenir, prise d'une terreur folle en se demandant si elle allait faiblir et si son corps trahirait sa volonté; sa mère lui parlait, elle ne comprenait pas et répondait sans savoir ce qu'elle disait, ne pouvant plus penser qu'aux minutes qui s'écoulaient.

Si un obstacle surgissait! Mais si elle ne mourait pas ce même jour comme elle

l'avait décidé, le pourrait-elle le lendemain? Le lendemain Camille recevrait
ses lettres; il enverrait peut-être une dé-
pêche.

A ce moment elle entendit un murmure de voix dans la maison, se mêlant à
un bruit de pas pressés, et elle s'imagina
que c'était son père qui rentrait; pris
d'un soupçon après l'élan qu'elle avait eu
le matin, il accourait inquiet pour lui
demander des explications; les bruits
cessèrent, elle s'était trompée.

Elle alla à la fenêtre et regarda; la mer
emplissait le port et battait la jetée
qu'elle couvrait d'embruns; elle avait
espéré une fin de journée plus clémente,
moins froide, une onde moins tourmentée.

— Tu trembles, dit Mme Capel.

— C'est le froid.

— Je pense bien que c'est le froid, car
tu n'es pas malade, n'est-ce pas?

— Non, pas du tout, je t'assure.

— Vilaine journée.

— Très triste.

C'était difficilement qu'elle trouvait des

mots pour répondre; et elle hochait la
tête d'un mouvement machinal en suivant son idée, concentrée maintenant sur
un seul point : l'heure qui fuyait.

Elle revint s'asseoir près de sa mère et
se serra fortement contre elle, comme si
elle allait trouver là une protection qui la
sauverait; c'était l'instinct de l'enfant qui
lui revenait, le besoin d'un soutien contre
sa faiblesse, d'une défense contre le
danger.

Mais elle ne pouvait pas l'abandonner
ainsi; elle sentait qu'elle perdait toute
volonté et s'amollissait. Elle se pencha
sur sa mère et, lui prenant les deux
mains, elle les lui baisa à plusieurs reprises; puis vivement elle se releva en
s'efforçant de prendre un air indifférent.

— Je vais sortir, dit-elle.

— Y penses-tu?

— J'ai froid, je ne me réchaufferai
qu'en marchant.

— Je vais avec toi.

Si sa mère l'accompagnait, elle était
sauvée; c'était l'intervention providen-

tielle à laquelle elle avait cru quelques instants auparavant.

Mais elle se raidit contre cette lâcheté :

— Si tu viens avec moi je ne pourrai pas marcher vite ; c'est courir qu'il me faut.

— Alors va courir ; prend ton manteau.

Elle ne pensait guère à son manteau.

— Certainement, je vais le prendre.

Elle alla au lit sur lequel il était posé ; alors elle put se retourner et regarder sa mère sans que celle-ci la vît ; elle l'enveloppa d'un long regard de pitié, d'amour, de désespoir, la prit dans ses yeux.

Que ne pouvait-elle lui crier les mots qu'elle refoulait dans son cœur : « Maman, bénis-moi, je te quitte pour toujours » ; mais elle ne pouvait même pas l'embrasser.

Lentement elle se dirigea vers la porte.

Elle hésita un moment encore, puis, brusquement, elle ouvrit la porte et la referma ; mais sur le palier elle se retourna et de la main elle envoya un dernier baiser à celle qu'elle n'avait pas osé embrasser.

Elle descendit l'escalier les yeux obscurcis par les larmes, se retenant à la rampe pour ne pas tomber, et quand elle fut sur le quai elle marcha vite, regardant à droite et à gauche avec l'effarement de ceux qui ont peur d'être surpris, mais personne ne faisait attention à elle.

Elle ne tarda pas à prendre le sentier de la falaise, et comme il était désert, elle se mit à courir. Plusieurs fois, elle dut s'arrêter haletante pour respirer, mais presque aussitôt elle repartait, et en moins de dix minutes elle arriva au haut de la falaise; alors elle s'arrêta et ses yeux plongèrent dans les profondeurs de la lande sans rien apercevoir d'inquiétant : ni gens, ni bêtes, pas d'autres bruits que ceux du vent dans les buissons et montant d'en bas le mugissement des vagues; elle se tourna du côté de la mer, le soleil qui baissait glissait ses rayons sous des nuages cuivrés, et à l'horizon une ligne sombre dessinait confusément

les côtes de Jersey. Elle alla à la hutte d'où la veille avait surgi le douanier et la trouva abandonnée.

Décidément Dieu le voulait.

Cependant elle fouilla encore des yeux les champs déserts, guettant si une ombre n'apparaîtrait pas, si une tête ne se dresserait pas derrière les buissons, si un cri ne s'élèverait pas pour l'arrêter; mais elle ne vit rien, n'entendit rien.

Alors elle ferma les yeux et fit une courte prière, non pour elle, mais pour demander à Dieu de soutenir ses parents.

Puis sentant qu'elle s'affaiblissait, se disant que tous ces retards étaient une lâcheté pour gagner du temps; elle mit les deux mains sur son visage, les enfonça dans ses yeux, et lentement, la tête haute, marcha vers le bord de la falaise, au hasard, guidée par le bruit des vagues qui montaient d'en bas.

VII

Camille, qui comptait sur la promesse de Suzanne de lui écrire, avait recommandé qu'on lui montât ses lettres aussitôt que le facteur arriverait, il l'avait quittée le mercredi; dans la journée, elle parlerait à sa mère; dans la nuit elle écrirait, et le jeudi, de bonne heure, elle jetterait à la poste la lettre qui arriverait le vendredi matin à Paris en temps pour être comprise dans la première distribution; à sept heures quarante ou quarante-cinq minutes il devrait donc l'avoir.

A sept heures quarante-cinq on lui en monta deux.

— La chère mignonne!

La réponse du père après celle de la mère certainement: c'était leur mariage; et cette hâte à l'assurer le soulevait de bonheur. Toujours elle avait tenu plus qu'elle ne promettait.

Cependant, l'écriture des adresses l'avait frappé, car elle n'était point celle qu'il avait coutume de voir : régulière, hardie ; tourmentée au contraire et incohérente, ce qui disait combien Suzanne avait été émue en écrivant.

Aux premiers mots, il ne comprit pas :

« Vous ne saviez pas que vous me tueriez... Je vous fais l'honneur d'une confidence. Demain... avant que vous ayez cette lettre je me jette de la falaise de Flammanville dans la mer... »

Il ne continua pas ; mais, relevant la tête, il se demanda s'il avait sa raison.

Brusquement il ouvrit la seconde lettre :

« Camille, pardon, j'ai tant souffert ! »

Il respira et crut comprendre : ses parents avaient commencé par refuser, et alors elle avait pensé à mourir ; mais ils étaient revenus sur ce premier mouvement, et elle écrivait sa seconde lettre.

Il reprit celle-ci, et une fois encore il

s'arrêta éperdu : « Non, tu n'es pas la cause de ma mort, c'est moi qui veux mourir... »

Pourquoi parlait-elle de mourir?

En parcourant les lignes plutôt qu'en les lisant il arriva au bout de la lettre, puis, tout de suite, il reprit la première et l'acheva aussi.

C'était vrai, elle devait mourir : « Demain, avant que vous ayez cette lettre, je me jette dans la mer. »

Demain, c'était la veille.

Les jambes lui manquèrent, il se laissa tomber dans un fauteuil. Mais aussitôt il se releva.

Puisque après sa première lettre, elle en avait écrit une seconde, pourquoi n'aurait-elle pas changé de résolution comme elle avait changé de sentiment; pourquoi n'en aurait-elle pas différé l'exécution?

En partant, en arrivant près d'elle, il pouvait la sauver.

Bien qu'il sut l'heure il courut à la pendule : il était huit heures moins quel-

ques minutes, et c'était à huit heures et demie que partait le train de Cherbourg, le même qu'il avait pris le mardi ; en ne perdant pas une seconde il pouvait arriver en temps à la gare. Il descendit son escalier quatre à quatre, héla une voiture qui passait, promit cent sous de pourboire au cocher, et se jeta sur le guichet au moment où le receveur allait abaisser sa vitre.

— Valognes, une première.

Dans le wagon, il reprit ses lettres et les relut, sinon à tête reposée, au moins avec plus d'attention, sans rien passer, ne finissant l'une que pour recommencer l'autre, et malgré leur précision il ne pouvait se décider à les croire ; elle avait écrit dans une heure d'exaltation, mais elle s'était calmée. Est-ce qu'on se tue quand on est aimée. Et elle savait combien passionnément il l'aimait, elle le disait. Quand même elle aurait eu le courage de monter le sentier de la falaise, une suprême faiblesse, un hasard, une intervention miraculeuse l'avaient sauvée.

Il fit la route, allant d'une alternative à l'autre, ballotté entre les deux, n'osant s'arrêter à aucune, affolé.

A Valognes, il courut à l'auberge où le mardi il avait trouvé une voiture, reprit le cocher qui l'avait conduit et partit au galop.

Il était jour encore lorsqu'il arriva sur le quai de Diélette, mais déjà le soleil était couché cependant ; de loin il aperçut devant l'auberge des groupes de gens qui causaient avec une animation qui lui parut sinistre.

Il sauta en bas de la maringotte et se précipita dans la cuisine.

— M. Capel ?

— Ah ! le pauvre monsieur !

Le ton comme les visage des gens de l'auberge lui crièrent la vérité :

— Est-ce possible ? murmura-t-il sans savoir ce qu'il disait et en s'appuyant à la large table près de laquelle il se tenait debout.

— C'est à la marée montante seulement qu'on a retrouvé la pauvre demoiselle; il n'y a pas deux heures qu'on l'a rapportée.

— Blessée?

— Ce n'est pas blessée qu'on est quand on tombe du haut de la falaise.

C'était vrai : il ne pouvait plus douter, il chancela.

— Faut vous asseoir, mon cher monsieur; un coup pareil quand on ne s'y attend pas: quel malheur, mon Dieu!

On lui avait apporté une chaise; on l'entourait.

— Je voudrais voir M. Capel?

— Il est dans la chambre de la pauvre demoiselle avec Mme Capel; on va vous conduire.

Il monta l'escalier sans voir les marches, et en arrivant dans le corridor devant la porte, il entendit des sanglots dans la chambre.

Alors il renvoya la servante qui le précédait et attendit un moment, comme s'il allait pouvoir se remettre, se faire une attitude, un visage.

Enfin il ouvrit la porte; M. Capel qui

était debout devant le lit auprès de sa femme affaissée sur une chaise, se retourna :

— Qui est là?

— Moi, Camille Rochas.

— M. Rochas! vous.

Camille comprit qu'il devait expliquer, justifier son arrivée, sous peine de trahir le secret de Suzanne.

— Je venais vous la demander.

— Vous!

Puis se tournant vers sa femme :

— C'était lui.

Alors ouvrant les deux bras à Camille :

— Mon fils!

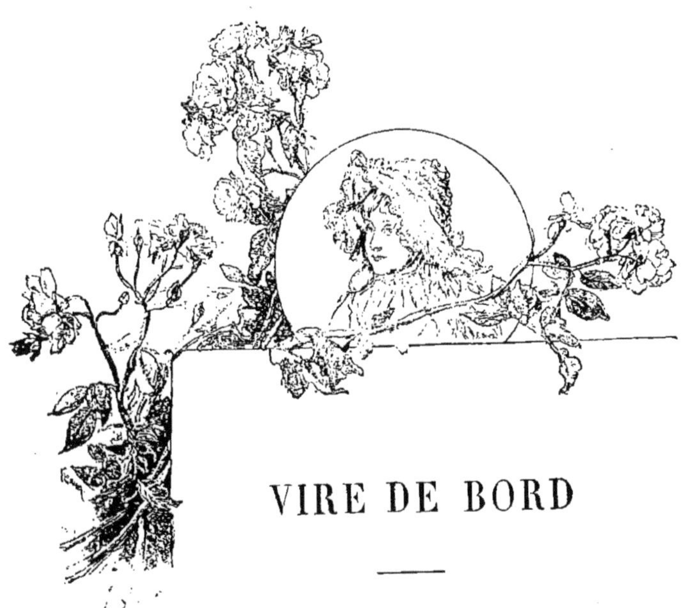

VIRE DE BORD

—

I

Le *San Gottardo*, qui fait le service du
lac de Côme, venait d'aborder à Bellagio,
et aussitôt avant même que la planche
eût été bien assurée, un voyageur s'élança
sur le débarcadère; mais il ne put pas
tout de suite percer l'entassement des
garçons d'hôtel qui obstruaient le passage.

Il paraissait d'âge moyen, mais la tournure jeune contrastait avec un visage fatigué et sombre. Son costume était d'une correction remarquable : la note juste du voyage en été dans un climat doux sous un ciel bleu : sur le bras gauche il portait un pardessus léger, et de la main droite une petite valise en cuir marquée d'une couronne de comte et de deux initiales A. C.

— *Hôtel Grande-Bretagne*, *hôtel Bellagio*, *Villa Serbelloni*, *Pension Suisse*, *hôtel de Florence*, *Albergo del Vapore*, criaient les garçons.

Il s'adressa à l'un des garçons de l'*Hôtel Grande-Bretagne* :

— Où est votre hôtel ?

— En face, Excellence, à deux pas ; je vais conduire Votre Excellence ; que Votre Excellence veuille bien me donner son sac et son pardessus.

C'était, en effet, à quelques pas du débarcadère, au bord du lac, au milieu d'un jardin éblouissant de lauriers-roses que s'élevait l'hôtel, dont la façade était égayée par des stores aux couleurs claires baissés devant les fenêtres.

— Déposez mon sac au bureau, dit-il au garçon qui venait de le précéder dans le vestibule, et demandez le numéro de l'appartement de Mme la comtesse de Chamalières.

— On va conduire Son Excellence.

— C'est inutile.

— Au premier, n° 3, à droite, au haut de l'escalier.

Il monta les marches rapidement et sonna au numéro qui lui avait été indiqué.

Presque aussitôt, la porte fut ouverte par une femme de chambre :

— Ah! monsieur le comte !

— Votre maîtresse est chez elle ?

— Oui, monsieur le comte; je vais la prévenir.

Au même moment, une voix fraîche s'éleva :

— Ah! papa, c'est papa.

Une petite fille d'une dizaine d'années ouvrit une porte avec fracas, et vint en

courant se jeter dans les bras qui s'étaient
ouverts pour la recevoir :

— Quel bonheur! te voilà enfin; il y a
si longtemps que je t'attends. Tu viens
nous chercher?

— Tu t'ennuies?

— Si je m'ennuie! Entre, maman est
dans sa chambre.

— Quand je t'aurai embrassée.

— Oh! papa, cher papa, quelle bonne
surprise!

— Tu t'es bien portée ?

— Oui, seulement ennuyée, oh! ennuyée, je ne te dis que ça. Nous allons
partir, n'est-ce pas?

— Je viens te chercher.

— Quelle chance! Nous partons aujourd'hui, hein?

— Quand je me serai entendu avec ta
mère.

— C'est de maman que dépend que
nous partions ou que nous ne partions
pas?

— Pas tout à fait.

— Ah! tant mieux.

— Tu as peur qu'elle veuille rester?

— Oui.

Elle baissa la voix, et se serrant contre son père, dont elle baisa la main tendrement :

— Très peur.

— Eh bien! rassure-toi, mignonne, nous aurons quitté Bellagio avant ce soir.

— Vrai?

— Je te le promets.

— Alors, viens voir maman tout de suite, et fais-lui dire oui.

Elle le regarda fièrement.

— Oh! toi, tu sais faire dire oui ou non, comme tu veux.

— Où allais-tu quand tu as ouvert cette porte si brusquement, en personne pressée?

— Faire flotter un bateau neuf sur le lac avec des camarades; tu sais, un beau bateau grand comme ça, — elle montra toute la longueur de son petit bras, — avec des voiles et un gouvernail.

— Eh bien! vas-y; moi, pendant ce temps, je causerai avec ta mère.

— Oh! causer!

— Aussitôt que notre départ sera décidé, je l'enverrai chercher.

— Bientôt?

— Bientôt, ma petite Gabrielle.

— Alors je me sauve.

Mais, avant de se sauver, elle ouvrit
une porte et cria d'une voix claire :

— Monsieur le comte de Chamalières!

II

La comtesse s'était levée, et les yeux
froids, comme sur la défensive, elle regardait son mari s'avancer sans faire un
pas au devant de lui.

Enfin elle se décida, mais après un moment d'hésitation et avec un effort évi-
dent, à lui tendre la main.

Il n'avança pas la sienne, alors elle
laissa retomber son bras.

— Voilà une agréable surprise, dit-elle d'un ton légèrement ironique; que vous arrive-t-il donc? Vous nous tombez du ciel positivement. Je vous croyais à Constantinople, et vous voilà.

— Je viens chercher Gabrielle, et vous avec elle, si vous le voulez bien, pour vous conduire immédiatement à Chamalières; j'ai prévenu ma mère qui nous attend.

— Oh! immédiatement?

— Ce soir.

— Ce soir, si je veux bien partir et si je vous permets d'emmener ma fille, qui se trouve très bien ici.

— Elle s'ennuie et ne demande qu'à partir.

— Vous le lui avez fait dire; moi, je lui ferai dire le contraire, s'il me plaît de rester.

— Il ne s'agit pas aujourd'hui de ce qu'il vous plaît de faire, mais de ce que vous devez faire.

— Et qui est juge, je vous prie, de ce que je dois ou ne dois pas?

— Moi.

— Une scène, alors ?

— Non, une explication, puisqu'il n'est plus possible de la reculer.

— Soit, marchez ; cependant je vous préviens qu'il est bien inutile de me débiter le discours, éloquent je n'en doute pas, que vous avez préparé ; sans doute, j'aurai plaisir à l'entendre pour son bien dire, mais il ne changera rien à ma résolution. Vous savez que j'ai de la ténacité ; si je crois devoir rester ici, j'y resterai, même après vous avoir entendu.

— Tant que M. Bonoldi y restera lui-même, n'est-ce pas ?

— Que signifie ?

Cela fut dit avec une hauteur dédaigneuse qui ne troubla pas le mari.

— Je vais vous l'apprendre ; mais, avant, je vous prie de donner l'ordre d'interdire votre porte à ce comédien jusqu'à ce que j'aie quitté l'hôtel.

Mme de Chamalières eut un haut-le-corps, suffoquée évidemment ; mais, après un court moment d'hésitation, sans rien répondre, elle sonna.

La femme de chambre entra :

— Je n'y suis pour personne jusqu'au départ de M. le comte.

Elle vint s'étaler dans un fauteuil.

Lui resta debout, agité, nerveux, marchant par la chambre, s'arrêtant, venant à la fenêtre, et regardant, d'un œil qui ne voyait pas, l'azur du lac et la verdoyance de la rive opposée.

Enfin, il s'arrêta devant la comtesse, à quelques pas d'elle :

— Vous supposez, sans doute, que ce n'est pas une simple inspiration qui m'amène ici, et que si j'ai quitté mon poste, où ma présence était cependant nécessaire en ce moment, si j'ai fait le voyage de Constantinople à Bellagio, c'est que des motifs graves m'y obligeaient.

— Le plaisir de venir me troubler dans mon repos et ma tranquillité.

— Je n'ai pas été jusqu'à présent un mari gêneur ni exigeant, mais je ne serai pas plus longtemps un mari ridicule.

— On est ce qu'on croit être.

— Où que j'aie été, vous n'avez pas pu vivre près de moi.

— Pourquoi habitiez-vous des pays inhabitables?

— Vous saviez bien, en épousant un diplomate, que je n'aurais pas la liberté de choisir des lieux de résidence qui vous agréeraient, et que je devrais, que nous devrions aller où les nécessités de ma carrière m'enverraient. A Copenhague, vous vous ennuyez.

— Il y a de quoi.

— A Madrid, il fait trop froid l'hiver; à Lisbonne, trop chaud l'été; à Rome, il y a la fièvre; à Constantinople, il y a des Turcs qui vous ennuient comme les Danois vous ont ennuyée il y a onze ans. Vous voulez revenir en France, et, malgré mes représentations, malgré mes prières, vous partez. La chose est si vive qu'on s'est cru obligé de m'en parler et de me montrer ce que je ne savais pas voir. Je suis une nature tendre, patiente, rêveuse...

— Si vous vous mettez à expliquer

votre caractère, nous n'en sortirons pas,
car je serai obligée, je le crains, de vous
rectifier sur plus d'un point : on se connaît si mal soi-même !

— Je vous aimais, c'est plus net, n'est-
ce pas? et m'excuse davantage; ce mot
vous fera comprendre que je donnerais
sans regret mes dernières années de jeunesse pour que l'hiver qui vient de s'é-
couler soit un rêve.

— Alors, que venez-vous exiger de
moi qui, vous le savez, ne partage pas ces
sentiments? Faites donc comme si c'était
un rêve, et retournez à Constantinople,
que vous avez eu tort de quitter.

— Avec vous et avec ma fille?

— Avec moi, jamais. Avec Gabrielle,
c'est à discuter.

— Sur ce point, il n'y a pas de discus-
sion possible.

— Vous l'aimez donc d'une tendresse
jalouse, cette enfant, qui ne m'a jamais
quittée et qui a si peu vécu près de
vous?

— A qui la faute?

— Il ne s'agit pas de cela ; vous me la laissiez autrefois. Que signifie cette prétention extraordinaire de vouloir me l'enlever aujourd'hui ?

— Elle signifie que je sais pourquoi... et pour qui vous êtes ici ; je pouvais la laisser à une mère : je dois l'enlever à une femme qui oublie qu'elle a un mari et qu'elle a une fille. Je vous ai avertie qu'on m'a fait voir ce que je ne voyais pas moi-même ; je sais donc ce qui s'est passé depuis que, quittant le château de ma mère, sous prétexte de soins nécessaires à votre santé, vous êtes venue habiter Nice. Faut-il que je vous le dise ?

— J'en suis curieuse.

— En arrivant à Nice, vous avez fait la connaissance, où et comment, je l'ignore, mais enfin vous avez fait la connaissance d'un chanteur, un ténor, ce Bonoldi, qui, depuis, vous traîne à sa suite. Quand il a quitté Nice pour venir à Milan, où un engagement l'appelait, vous y êtes venue aussi, et, le jour de sa première représentation à la *Scala*, vous étiez dans une loge bien en vue, où vous l'applaudissiez d'une façon scandaleuse. La saison de la *Scala* finie, vous êtes venue vous installer à Bellagio, dans cet hôtel, où ce comédien vous a rejointe.

— Qu'appelez-vous rejointe?

— Je ne dis pas qu'il habite avec vous, mais enfin vous ne soutiendrez pas qu'il n'est pas ici?...

— Je ne soutiendrai rien du tout.

— Et que vous le recevez tous les jours, que tous les jours vous sortez avec lui. Et vous admettez que je laisse ma fille partager cette existence?

Pendant qu'il parlait, elle avait, à plusieurs reprises, haussé les épaules avec mépris; elle se leva pour s'avancer vers son mari, maintenant adossé à la cheminée, et vint le regarder en face.

— Depuis quand, dit-elle, la fantaisie ou la folie d'un mari peut-elle interdire à une femme d'applaudir un chanteur qu'elle admire et de recevoir un artiste que les hasards du voyage lui font retrouver? Oui, j'ai applaudi M. Bonoldi; on a bien vu, on a dit vrai. Oui, je le reçois. Et ce que l'on ne vous a pas dit, c'est que le soir je chante avec lui, quand il veut bien me faire visite. Que ceux que cela gêne ou scandalise en prennent leur parti, je ne changerai rien à ces habitudes.

— Peut-être n'y changeriez-vous rien si vous restiez ici, mais vous partez.

— Quand il me plaira, non avant.

Brusquement elle lui tourna le dos.

Ce fut lui, à son tour, qui alla vers elle :

— Je veux bien admettre, dit-il, que vos relations avec ce chanteur soient encore innocentes, mais vous l'aimez, et ce soir, demain, dans quelques jours, cet amour, qui vous a déjà fait le suivre à Milan et ici, vous perdra. Arrêtez-vous dans le chemin où vous vous êtes laissée entraîner, sans réfléchir, je veux le croire, inconsidérément, inconsciemment. Je vous tends la main, prenez-la, et partons ce soir; je vous promets de ne pas garder le souvenir du passé.

— Vraiment! Quelle reconnaissance

je vous dois pour cette proposition tout à fait engageante !

— C'est une dernière tentative que je fais. Le moment est décisif; votre avenir, celui de ma fille, le mien, tiennent dans votre réponse. A quoi sacrifieriez-vous votre vie, celle de Gabrielle, la mienne; à qui?... Une existence misérable et déshonorée vous guette; jetez un regard ferme sur ce qu'elle serait dans un an, dans deux ans, quand cet amour se sera éteint dans la possession tranquille. Vous pouvez y échapper et sans effort, en m'écoutant, en me suivant. Sans doute vous aimez votre fille, et les sentiments de tendresse maternelle que vous éprouviez autrefois pour elle n'ont pas été étouffés par cette passion naissante, vous la gardez. Sans doute aussi la considération et la fortune vous sont chères, vous les retrouvez près de moi. Dois-je ajouter que, si vous voulez les accepter, je vous promets l'affection et les égards d'un ami, d'un mari qui ne demande qu'à vous aimer?

En parlant, il lui avait pris les deux mains, et il la forçait à rester tournée vers lui; à ce mot, elle se dégagea :

— Est-ce ma faute si l'amour ne peut pas renaître? Pourquoi avez-vous laissé s'éteindre le mien? Ce n'est pas la promesse de cette affection et de ces égards, dont vous parlez, qui le ressusciteront; pas plus que ce ne sont ces menaces et ces façons de gendarme. Vous voulez que je vous suive, vous m'y contraindrez; vous appellerez la loi à votre secours. Croyez-vous me faire peur? Vous suivre! je vous réponds nettement que je refuse, et je vous donne les raisons de ce refus pour que vous compreniez qu'il est inébranlable; la vie que vous voulez m'obliger à partager m'ennuie et m'est odieuse; je l'ai supportée tant que j'ai pu; plus long-temps, j'en mourrais. Vos jalousies m'exas-pèrent, et je veux ma liberté. Payée du prix que vous y mettez, la considération et la fortune seraient trop chères pour moi; j'aime mieux la médiocrité et j'ac-cepte le déclassement, si au moins je suis libre. Pourquoi n'avez-vous pas voulu de la vie qui me plaisait à moi : quelques mois près de vous pour le monde et la décence ; le reste du temps, sous prétexte de santé ou de famille, les voyages, n'importe où, au caprice de ma fantaisie, et l'honneur était sauf, cet honneur auquel vous tenez tant. Cela, vous ne l'acceptez pas. On vous écrit, on vous fait voir ce que de vous-même vous n'auriez jamais soupçonné, et vous partez en guerre, vous arrivez la menace à la bouche. Vous voulez parler et agir en maître ; il vous faut une situation correcte ; je l'ai compromise en applaudissant un ténor sans votre permission. Prenez-vous-en à vos procédés si je résiste, mais je ne vous suivrai pas ; et si vous me prenez ma fille, ce sera entre nous une rupture sans rapprochement possible.

Le front contracté, les mains frémissantes, le cœur serré, il se détournait pour ne pas voir cette femme, la sienne, qu'il avait aimée, passionnément aimée, qu'il aimait encore, et qui semblait se

complaire dans le dédain et dans l'injure.
Mais, quoi qu'il fît, quoi qu'il voulût, il
revenait toujours à ce beau visage qu'il
avait vu si serein autrefois, à ces lèvres
dont le sourire l'avait si souvent ravi, et
maintenant ce visage ne trahissait que la
colère, ces lèvres ne lançaient que d'a-
mères paroles; ces yeux noirs, si doux
naguère, avaient la dureté de l'acier.

— Vous parlez de votre fille, dit-il nerveusement; eh bien! soit, je vous suis,
parlons-en, car aussi bien c'est d'elle
plus encore que de vous qu'il s'agit, c'est
elle qui domine la situation et qui doit la
décider, si dans votre cœur il y a place
encore pour des sentiments maternels. Il
est vrai, et je suis heureux de le reconnaître, que vous l'avez élevée avec sollici-
tude. Aujourd'hui, si quelque chose peut
vous toucher en dehors de votre caprice,
j'imagine que c'est la tendresse que vous
avez toujours eue et que vous avez encore
peut-être pour elle. C'est à cette tendresse
que je m'adresse. Non seulement, en ne
renonçant pas à la vie de folle ou de cou-

pable dans laquelle vous menacez de vous engager, vous vous séparez de Gabrielle et vous élevez entre elle et vous un mur infranchissable, mais encore vous lui gâchez son avenir à elle, la pauvre enfant, qui vous aime et vous croit une bonne mère. Pour une fantaisie d'un moment, que de douleurs n'imposez-vous pas à cette innocente, qui va grandir en se cassant la tête aux mystères de votre existence. Inexplicables en ce moment pour sa pureté enfantine, ces mystères ne seront que trop clairs dans quelques années. Braver la honte sans penser à moi, sans penser au monde, je l'admets; la braverez-vous, si vous pensez à votre fille? Quelque troublée que soit votre conscience, pouvez-vous ne pas croire à une expiation qui, tôt ou tard, sera infligée à la mère par l'enfant? Si aveuglée que vous soyez, pouvez-vous ne pas comprendre qu'il n'y aura jamais d'indulgence dans le cœur de cette enfant, qui saura que vous avez renoncé à elle volontairement et ne gardera pas un souvenir de piété filiale à la mère affolée, à la femme perverse que vous seriez? Un jour, quelqu'un lui racontera pourquoi son père est venu tout à coup la chercher; la lutte qu'il a soutenue afin qu'elle pût dire encore « Maman, » et que rien, dans sa vie d'enfant, ne fût obscurci; on lui expliquera la patience de son père, sa faiblesse qui, dans une pensée de prévoyance pour l'avenir de sa fille, a voulu sauver l'honneur de son nom.

— Votre menace est claire, n'insistez pas; je sais que vous voudriez l'élever à me mépriser, à me haïr, pour être seul à vous faire aimer; mais ces moyens d'intimidation n'ont guère de prise sur moi. J'ai, pour me défendre près de ma fille, la continuelle tendresse que je lui ai montrée, mes caresses, mes soins, et le souvenir des jours heureux avec une mère attentive à lui plaire. Vous, qu'avez-vous fait jusqu'à présent pour cette enfant? De temps en temps, vous vous souveniez qu'elle existait, et, tous les six mois, vous éprouviez le besoin de l'embrasser. Le bon père!

— Et c'est vous qui osez me le reprocher! vous qui me la voliez, sachant que je n'aurais pas la force de vous la reprendre, non à cause de vous, mais à cause d'elle, dont l'enfance avait besoin de soins maternels!

— Vous jugez que maintenant ces soins ne lui sont plus nécessaires?

— Maintenant qu'elle a dix ans, il est moins grave de l'enlever à sa mère que de la lui laisser. J'ai autant souci de sa santé morale que de sa santé physique, et je la conduirai à ma mère, par qui elle sera bien gardée, bien soignée, bien élevée, mieux que par moi, qui dois travailler et qui appartiens au monde, quoique je veuille.

— C'est votre grande combinaison, votre dernière attaque, celle qui doit tout emporter et m'obliger à céder. Vous espérez que la peur de voir ma fille sous la direction de votre mère, qui me déteste et que je n'aime pas, va me réduire à merci. Eh bien ! ma réponse sera toujours la même : faites ce que vous voudrez, inventez, machinez, menacez, je ne partirai pas. Pour le moment, je ne puis pas vous empêcher de me prendre Gabrielle, si vous avez la cruauté de lui imposer cette douleur. Mais les circonstances ne seront pas toujours contre moi, j'aurai mon tour, et alors nous verrons ; je suis sûre du cœur de ma fille.

— Écoutez, et ceci est pour finir. Vous êtes aujourd'hui dans un état d'irritation qui vous fait perdre toute conscience ; surprise par ma démarche, blessée par mes reproches, vous vous entêtez dans un refus irraisonné qui est l'effet de l'exaspération, et rien autre, je l'espère. Je ne veux pas vous suivre, et, comme vous, me laisser emporter, si juste que soit mon indignation. Au contraire, j'entends vous donner le temps de la réflexion.

— Ah !

— Ne croyez pas que je serai assez naïf pour vous laisser la liberté de disparaître avec ma fille, idée qui vient de traverser votre esprit et de vous faire pousser ce ah! de soulagement.

— Vous croyez?

— Je vous connais. Voici donc ce que j'entends. Vous allez faire mettre dans une malle tout ce qui appartient à Gabrielle, son linge, ses vêtements. Pendant que votre femme de chambre fera ce travail, je me promènerai avec Gabrielle dans le jardin ou dans les environs. Au bout d'une heure nous reviendrons, nous prendrons la malle dans une barque que j'aurai louée, et nous traverserons le lac pour aller coucher en face de Bellagio, à Cadenabbia, *hôtel Bellevue*. Retenez le nom de cet hôtel, je vous prie.

— A quoi bon?

— Vous allez comprendre. Nous resterons là jusqu'à demain soir, vous attendant. Si la réflexion vous calme, si, comme je veux l'espérer, elle vous rend plus sage et plus juste, si votre tendresse maternelle parle assez fort dans votre cœur pour que vous n'entendiez qu'elle, vous

viendrez nous rejoindre et nous partirons
tous les trois ensemble.

— Pour aller chez Mme de Chamalières?

— Oui. Si, au contraire, vous persistez
dans votre refus de me suivre, je n'ap-
pellerai pas les gendarmes pour vous y
contraindre et n'invoquerai pas les moyens
que la loi pourrait me fournir; je quitte-
rai Cadenabbia simplement avec ma fille,
et tout sera à jamais fini entre nous; ni
prières, ni douleur, si supplications, ni
remords, rien ne changera ma résolution :
rien, vous entendez, ne me touchera plus;
vous serez indigne de notre fille et mon
devoir sera de vous maintenir séparée
d'elle. Réfléchissez donc. Débattez votre
détermination en vous disant qu'une fois
prise, il n'y aura pas de retour possible.
Ce n'est pas après-demain qu'il faut venir, c'est demain. Je vous laisse et vais
rejoindre Gabrielle. Dans une heure nous
partirons. Donnez des ordres, je vous prie,
et qu'il soit fait comme je vous l'ai demandé pour les effets de l'enfant.

III

Il n'eut pas à chercher dans le jardin
pour trouver sa fille ; elle était au bord du
lac, où, avec deux autres petites filles de
son âge, armées comme elle d'un de ces
longs roseaux qui servent de canne de
pêche, elles s'amusaient, surveillées par
une gouvernante, à faire flotter un bateau.

— Veux-tu abandonner ton bateau pour
venir faire une promenade en barque ?

— Je crois bien.

Elle donna une poignée de main à ses
camarades, et, guidant son père, elle le
conduisit au débarcadère où stationnaient
les canotiers de l'hôtel qui, de loin, se
faisaient reconnaître par leurs pantalons
blancs et leurs ceintures bleues.

Elle tenait la main de son père dans la

sienne ; tout à coup, au tournant d'une allée et en sortant d'un massif de mimosas, il sentit qu'elle était agitée d'un frémissement et que ses doigts se contractaient. Surpris, il se tourna vers elle, elle avait rougi. Ne comprenant rien à cette émotion subite, il regarda autour de lui. A ce moment même venait vers eux un gros et beau garçon de vingt-cinq à vingt-six ans, au type italien, à la moustache noire provocante, qui, par sa mine, avait tout l'air d'un comédien, et que, par son costume : veston court, ceinture rouge et chapeau de paille, on aurait pu prendre pour un canotier. En les croisant, il les toisa, et le tremblement de main de Gabrielle augmenta.

M. de Chamalières ne la questionna pas ; il avait deviné le ténor Bonoldi.

En bateau, Gabrielle, qui avait dit de côtoyer la pointe de rochers sur laquelle s'élève la villa Serbelloni, s'assit près de son père, et, tendrement, se serra contre lui.

—Tu vas voir comme c'est beau, dit elle.

— Tu te plais à Bellagio?

— Je m'y plais parce que c'est beau, mais je m'y ennuie parce que... parce que je m'y ennuie. Il faut que tu saches que nous ne sortons presque pas, et, toujours enfermée dans l'appartement, ou toujours dans le jardin ça n'est pas drôle; si encore nous dînions à table d'hôte, mais non, nous mangeons chez nous; je ne connais personne, personne ne nous parle, excepté les deux petites Américaines avec qui je jouais tout à l'heure.

— Tu ne te promènes donc pas quelquefois en bateau?

— Oh! si, tous les soirs, après dîner, mais pas pour longtemps, un petit tour seulement, et maman me ramène au bord, juste au moment où le lac est le plus beau, où les montagnes deviennent toutes roses et les eaux du lac toutes bleues, toutes bleues; tu verras ce soir comme c'est joli, et comme il fait bon se promener, comme c'est doux, on glisse sur l'eau calme sans s'en apercevoir, il semble qu'on rêve. Fanny m'attend au débarcadère; je rentre à l'hôtel avec elle et elle me couche. Si encore je pouvais m'endormir tout de suite; mais non; on fait de la musique dans le jardin, et au lieu que ça me donne idée de danser, ça me rend toute triste; je me demande quand nous partirons, quand tu reviendras; et, quelquefois, en pensant que tu nous as quittées depuis si longtemps..., alors, c'est bête, tu sais, je me mets à pleurer.

Elle lui prit la main et longuement elle l'embrassa.

Il se raidit contre son émotion :

— Sois contente, dit-il, nous quittons Bellagio dans une heure.

— Avec maman?

— Non.

— Elle reste?

— C'est-à-dire qu'elle ne peut pas partir si vite; nous, nous partons tous les deux pour Cadenabbia...

— Là-bas?

De sa main étendue elle montra de l'autre côté du lac, ras sur l'eau, un village dont les maisons faisaient des taches blanches et rouges dans la verdure qui s'étageait derrière elle sur les pentes de la montagne.

— Où nous attendrons ta mère jusqu'à demain soir.

— Et elle viendra?

— Je l'espère.

— Et si elle ne vient pas, est-ce que nous partirons tout de même?

— Oui, il le faut; je te conduirai en Bourgogne, chez ta grand'mère.

— Chez grand'maman, quel bonheur!

— Et comme j'ai un congé de trois mois, je le passerai avec toi, nous ne nous quitterons pas.

— Comme ce sera gentil!

— Autant pour moi que pour toi, ma mignonne, car moi aussi j'ai besoin de rattraper le temps perdu.

Elle était rassérénée; le nuage avait passé, et franchement elle souriait à la perspective de la joie qui l'attendait, à l'espoir d'une vie nouvelle où la ten-dresse du père et de la grand'mère l'envelopperait plus étroitement que

celle de la mère souvent distraite et chan-
geante.

Comme M. de Chamalières avait donné
l'ordre de retourner à l'hôtel, elle se mit
à lui montrer les endroits qu'elle connaissait : Varenna, sur la rive orientale ; sur
la rive occidentale, la *villa Carlotta*, dans
la montagne l'église de la *Madona-di-
S.-Martino*, où elle était montée un jour.

Puis elle lui expliqua la végétation des
rives du lac :

— Ces bouquets d'arbustes qui éclatent,
en gerbes roses, comme des fusées d'un feu
d'artifice, ce sont des lauriers-roses ; ils
ne ressemblent pas, n'est-ce pas, à ceux
qu'on cultive dans des bacs chez grand'-
maman ; ces arbres, qui font des lignes
grises sur la montagne, ce sont des oliviers ; je trouve ça triste, les oliviers,
et toi ?

Elle lui montra encore, au fond du lac,
la chaîne neigeuse des hautes montagnes
qui le fermait se découpant en blanc sous
l'azur.

Et il l'écoutait, heureux de reconnaître

comme son esprit s'était ouvert. On ne
lui avait pas soufflé ce qu'elle disait, elle
l'avait senti, elle l'avait vu toute seule.
Sans doute c'était la beauté particulière,
le charme de cet endroit privilégié qui
avait éveillé son intelligence enfantine.

Vraiment il était superbe, ce dessin
aérien des montagnes à l'argenture écla-
tante piquant les profondeurs bleues du
ciel, et malgré un contraste violent lui
laissant sa tendresse avec sa gaieté lumi-
neuse ; et aussi le lac lisse, bleu, de ce
bleu qu'on devrait appeler le bleu de
Bellagio, qui reflétait la montagne avec
ses villages, ses clochers, ses pentes ver-
tes, ses rochers, ses arbustes fleuris, ses
arbres, les grands comme les petits,
jusqu'aux plantes inclinées sur son miroir.

Et il se disait tout bas que s'il n'avait
rien su du ténor, il aurait compris la
résistance de sa femme à se laisser arra-
cher de ce pays enchanté.

Mais maintenant qu'il avait vu l'homme,
et qu'il avait ce doux paysage devant les

yeux, il était plein d'angoisse pour le lendemain.

Viendrait-elle le rejoindre?

Que pouvait-elle trouver près de lui qui fût une compensation à ce qu'elle abandonnait? Un mari? Mais ce mari qu'elle n'avait guère aimé, si jamais même elle l'avait aimé, elle devait le détester à cette heure. Une enfant? Mais cette chère petite qui se pressait contre lui serait-elle assez forte pour lutter contre les yeux languissants et la voix caressante du beau ténor?

IV

L'heure qu'il avait à donner à cette promenade était écoulée.

En se dirigeant vers l'hôtel, il regarda sa fille :

— Il va falloir, mon enfant, monter près de ta mère pour lui dire adieu.

Elle leva sur lui des yeux troublés :

— Oui, papa.

— Ce que j'ai fait tout à l'heure, tu peux le recommencer : demande-lui de venir avec nous, ou moins de nous rejoindre demain.

— Oh ! oui, papa.

— Sans doute tu seras mieux écoutée. Sois tendre et affectueuse avec elle. Dis-lui combien tu aurais de chagrin d'être séparée d'elle.

— Je vais le lui dire.

— Prie-la, supplie-la, arrache-lui une

promesse : une enfant est bien forte avec sa mère.

— Je vais essayer, dit-elle d'un ton craintif.

— Je n'entrerai pas avec toi; pendant que tu seras près de ta mère, je t'attendrai dans le salon.

Quittant son père, elle ouvrit la porte de la chambre de sa mère, et en voyant une malle toute pleine, mais non encore fermée, un pli douloureux se creusa dans son front, car cette malle lui montrait plus nettement le départ et la séparation, que les paroles et que ce qu'elle avait pu imaginer.

— Oh! maman, tu ne veux donc pas venir avec nous? dit-elle en se jetant sur sa mère.

— Et toi, tu ne veux donc pas rester avec moi?

— Papa m'emmène.

— Si tu veux rester, ton père ne t'en-lèvera pas de force. Que t'a-t-il dit?

— Que nous partions tout à l'heure en barque pour Cadenabbia, et que demain nous irions à Cômo prendre le chemin de fer pour rejoindre grand'maman.

— Et de moi, qu'a-t-il dit?

— Que tu étais contrariée de partir; mais qu'il espérait que ta contrariété ne persisterait pas et que demain tu viendrais nous rejoindre à l'*hôtel Bellevue*, où nous allons loger. Tu viendras, n'est-ce pas, maman, tu viendras?

La mère évita de répondre, et pour ne pas subir l'influence des yeux de sa fille, elle détourna les siens.

— Mais qu'as-tu donc fait depuis une heure? demanda-t-elle? Je t'attendais dans une impatience cruelle pour savoir ce que tu voulais : si tu partais avec ton père, ou si tu restais avec moi. Tu n'as donc pas pensé à mon inquiétude? Est-il possible que tu m'abandonnes ainsi, toi qui hier, qui ce matin étais si aimante avec moi?

— Mais je t'aime maintenant comme ce matin, maman, plus que ce matin, car j'ai peur de te perdre.

Elle fondit en larmes en se jetant contre

sa mère qui la prit sur ses genoux en la
caressant.

— Dis à ton père que tu ne veux pas
me quitter; il ne nous séparera pas.

— Mais lui?

— Est-ce près de lui ou près de moi
que tu veux être ?

— Avec vous deux, comme lorsque j'é-
tais petite.

— C'est impossible.

— Oh! maman, ne dis pas cela. Nous serions si heureux tous les trois ensemble. Il restera avec nous à Chamalières. Il a un congé. Tu verras comme nous nous amuserons. On s'amuse avec papa.

— Tu t'ennuyais avec moi?

— Pas avec toi; sans toi.

— N'étions-nous pas toujours ensemble?

— Nous n'étions pas ensemble quand M. Bonoldi était là.

— Tu as parlé de M. Bonoldi à ton père?

— Non, dit-elle gravement. Nous l'avons rencontré quand papa est venu me rejoindre dans le jardin, mais je n'ai pas dit que je le connaissais. Il a pourtant joliment regardé papa; mais papa a détourné la tête; il n'aime pas ces gens-là.

— Qu'appelles-tu ces gens-là?

— Les gens comme M. Bonoldi, des poseurs, des acteurs; moi non plus, je ne les aime pas.

— Que t'a fait M. Bonoldi?

— Rien... franchement.

— Alors, pourquoi ne l'aimes-tu pas?

— Parce qu'il me déplaît.

— Si tu avais pour ta mère la tendresse
que tu devrais avoir, ses amis ne te dé-
plairaient pas.

— M. Bonoldi me déplaira toujours, je
t'en préviens.

— C'est bien. Laissons là M. Bonoldi.
Au lieu de chercher ce qui, dans tes exi-
gences d'enfant gâté, a pu te contrarier
ici, rappelle-toi mon affection, mes gâteries, mon indulgence, mon constant souci
de te distraire et de t'amuser.

— Je ne m'amusais pas quand tu m'en-
voyais coucher et que tu restais à te promener sur le lac.

— Oublieras-tu ce que j'ai été pour toi,
et suivras-tu ton père qui t'élèvera dans
la sévérité?

— Papa est toujours bon pour moi.

— Il t'apprendra à ne plus m'aimer; il
te défendra même de penser à moi...

— Viens avec nous.

— De prononcer mon nom.

— Il ne fera pas cela.

— Alors, c'est lui que tu préfères; c'est
lui que tu choisis?

Brusquement elle mit sa fille debout devant elle.

— Je ne choisis pas, maman; papa veut m'emmener, je ne peux pas lui dire que je ne veux pas aller avec lui.

— Surtout quand tu es heureuse de le suivre.

— J'ai été si longtemps sans le voir.

— A qui la faute?

— Je ne sais pas.

— Tu vois.

— S'il ne pouvait pas venir avec nous, est-ce que nous ne pouvions pas, nous, aller avec lui?

La comtesse sonna : la femme de chambre parut :

— Fermez la malle de Mlle Gabrielle, et prévenez un porteur de la descendre.

Pendant que cela se faisait, Gabrielle entra dans sa chambre, d'où elle ressortit presque aussitôt en portant une cage dans laquelle était un serin.

— Ah! tu emportes ton oiseau?

— Il s'ennuierait trop.

Elle posa sa cage, et, venant à sa mère :

— Ah ! maman, je t'en prie, viens avec nous ; allons-nous-en tous ensemble ; nous serons si heureux ; papa sera si content que je t'amène, et moi j'en serai si fière. Viens, je t'aimerai tant.

— Je ne peux pas.

— Aujourd'hui. Mais demain ? Promets-moi que tu viendras demain.

— Je ne peux rien promettre.

— Si j'allais prier papa de venir te le demander ?

— Dis-moi adieu, puisque malgré tout tu veux partir.

— Non, pas adieu, à demain. Je t'embrasse pour aujourd'hui, mais demain je t'embrasserai encore. Nous t'attendrons toute la journée. Aussitôt levée, je regarderai sur le lac si tu viens. De loin je te reconnaîtrai ; j'ai de bons yeux. Tâche de venir pour déjeuner ; mais, si tu ne peux pas, viens pour dîner ; enfin, viens.

Elle prit sa cage :

— Embrasse-moi encore une fois.

Dans le salon, après avoir refermé la
porte de la chambre, elle courut à son
père, et à voix basse :

— Je crois qu'elle viendra.

— Aujourd'hui?

— Non, demain.

— Elle te l'a promis?

— Elle n'a pas promis, mais elle n'a
pas dit non.

— Pouvait-elle dire non?

— Bien sûr, qu'elle le pouvait. Si elle
ne l'a pas dit, c'est qu'elle a envie de venir; elle nous fera une surprise; je parie
qu'elle arrivera pour déjeuner; nous l'attendrons, n'est-ce pas?

— Oui, ma chérie.

Elle montra sa cage :

— J'ai toujours pris mon oiseau.

V

Il fallait la distraire, et le mieux pour cela était d'occuper son esprit.

Quand ils furent dans la barque qui devait les conduire à Cadenabbia, M. de Chamalières dit à sa fille que, comme il venait dans ce pays pour la première fois, c'était à elle, qui le connaissait bien, d'ordonner.

— Tu comprends, tu es mon guide.

— Oui, papa.

Et, gravement, elle donna des ordres aux bateliers.

Puis, tant que dura la traversée, elle montra et nomma à son père les villages et les villas qui apparaissaient sur l'une et l'autre rive, à mesure qu'ils avançaient.

En arrivant à l'hôtel, ce fut elle qui choisit les deux chambres qu'elle demanda « avec vue sur le lac. »

Quand le domestique les laissa seuls, elle alla à la fenêtre :

— Regarde, dit-elle, Bellagio est juste en face, et *l'hôtel Grande - Bretagne* nous fait vis-à-vis; c'est lui que tu vois là-bas, au ras de l'eau; dès le matin, demain, je guetterai toutes les barques qui traverseront le lac; si maman est dans une, je te promets que de loin je la reconnaîtrai.

Il voulut aussi qu'elle décidât où ils dîneraient; il lui proposa la table d'hôte, mais elle préféra se faire servir au bord de l'eau.

— La table d'hôte, c'est amusant quand on n'a rien à se dire, mais, nous avons tant de choses à nous dire depuis que nous sommes séparés; et puis j'ai toujours eu envie de dîner en plein air, sous les arbres, à la clarté des bougies qui brûlent dans des globes en verre; maman n'a jamais voulu.

— Eh bien! nous dînerons dehors, sous les arbres, à la lumière des bougies; nous attendrons, s'il le faut.

Ils firent mettre leur couvert dans un bosquet de lauriers-roses qui trempaient leurs racines dans l'eau du lac.

Elle commanda le menu :

— Il faut que tu manges des *agoni*.

— Qu'est-ce que c'est que des *agoni*?

— Des petits poissons du lac qui ne sont pas trop bons, mais tout le monde doit en manger.

— Mangeons des *agoni*.

Après le dîner, ils prirent une barque pour faire une promenade.

— Puisque tu désirais tant rester tard sur le lac, dit M. de Chamalières, c'est le moment de réaliser ton envie; nous ne rentrerons que quand tu le demanderas.

De la terrasse de l'hôtel ils avaient vu pendant leur dîner le couchant rosir les pentes et la crête des montagnes, le ciel bleu pâlir, puis se plomber et bientôt s'éteindre. Maintenant ce ciel sombre s'éclairait d'étoiles, et le lac avait pris son calme de miroir noir; au loin les rives s'étaient piquées de points jaunes bizar-

res et inégaux qu'on devinait produits par
l'éclairage des hôtels et des maisons.

Assis à l'arrière de leur barque, l'un
contre l'autre, ils causaient peu, le babil

13.

de Gabrielle s'était éteint, et las tous deux, inquiets surtout, ils écoutaient le bruit léger des rames, se regardant de temps en temps pour se sourire.

Quand la fraîcheur de la nuit commença à leur envelopper les épaules, elle leva les yeux sur son père :

— Veux-tu rentrer? dit-elle.

— C'est toi qui commande; as-tu sommeil?

— Ça commence.

— Eh bien, rentrons.

— Et puis si j'ai envie de me coucher, ça n'est pas précisément pour dormir.

— Pourquoi donc?

— C'est pour que tu me couches, comme lorsque j'étais toute petite. Il y a si longtemps qu'on ne m'a couchée. Je sais bien me déshabiller toute seule. Il a bien fallu que j'apprenne, car souvent Fanny, après être montée avec moi, m'enfermait dans ma chambre pour filer se promener et me laissait m'arranger comme je pouvais. Ça me ferait tant de plaisir que tu viennes me regarder dans mon lit

et m'embrasser. Autrefois, tu me disais :
« Dors bien, petite fille, sans te réveiller »,
et je t'obéissais. Si tu me le dis ce soir, je
t'obéirai encore.

Il fit plus que d'aller la regarder dans
son lit. Il la déshabilla lui-même, au ra-
vissement de l'enfant, riant et se moquant
de ses maladresses d'homme qui connaît
mal le secret des agrafes, des cordons et
des lacets d'une toilette de gamine. Et elle
le grondait ou le guidait, s'amusant à faire
durer le plaisir : cela lui paraissait si bon
qu'on s'occupât d'elle ! Et, du coin de l'œil,
elle le regardait faire ; parfois elle lui arrêtait la main au passage pour la lui embrasser.

Quand elle fut au lit, il s'assit auprès
d'elle, à son chevet ; alors, allongeant le
bras, elle le lui passa autour du cou.

— C'est comme ça que je voudrais
m'endormir, dit-elle.

— Tu vas te fatiguer bien vite.

— Non, si je ne te fatigue pas, toi, et
si tu veux bien rester là.

— Tant que tu voudras.

— Tu sais ce que tu as à me dire!

— Dors vite, petite fille.

Bientôt le bras glissa le long de l'épaule du père et s'affaissa; la respiration se fit plus lente et plus régulière : le sommeil l'avait prise dans la tranquillité et le bonheur, le sourire aux lèvres pour un lendemain qu'elle attendait avec confiance.

VI

De bonne heure éveillée, elle sauta à bas de son lit pour courir à la fenêtre, qu'elle ouvrit et interrogea le lac; le matin était clair, déjà chaud et doré comme une après-midi. Tout au loin on apercevait le vapeur qui venait de Colico, déroulant derrière lui un ruban de fumée noire.

Aussitôt elle entr'ouvrit la porte de la chambre de son père :

— Lève-toi, dit-elle, le bateau à vapeur

de Colico va bientôt arriver à Bellagio, et il ne lui faudra pas longtemps pour venir de Bellagio ici.

Quand ils furent l'un et l'autre habillés, le bateau qui avait coupé le lac, n'était plus qu'à une courte distance de la rive; ils eurent cependant le temps d'arriver avant lui au débarcadère.

— Moi, je crois qu'elle va venir par le vapeur, dit-elle à son père, sans prononcer le nom de celle qu'elle attendait, et comme si elle continuait une conversation.

— Il est trop tôt pour ta maman; il ne faut pas l'attendre de si bonne heure.

— Que si; dans la journée il fait trop chaud, et puis elle sait que nous l'attendons.

Mais Mme de Chamalières ne débarqua point du bateau.

Peu après, des barques se détachèrent du port et des rives de Bellagio, les unes se dirigeant vers Menaggio, les autres venant droit sur Cadenabbia; mais à cette distance elles n'étaient que des points à peine perceptibles.

Ce fut seulement quand elles approchèrent, que Gabrielle dut reconnaître que ni celle-ci, ni celle-là n'amenait sa mère.

Elle eût voulu rester sur le rivage à guetter toutes celles qui quittaient Bellagio, mais M. de Chamalières ne voulut point qu'elle s'énervât, dans cette attente que lui-même d'ailleurs se sentait incapable de supporter avec calme.

— Est-ce que tu n'as rien à me montrer ici? demanda-t-il.

— Si, mais...

— Nous dirons au bureau de l'hôtel où nous allons et quand nous rentrerons.

— Alors, je vais te montrer la villa Carlotta.

Ils n'eurent que quelques pas à faire pour gagner le jardin de cette villa, en ce moment dans le plein de sa beauté, fleuri, embaumé, avec ses immenses magnolias aux lourdes fleurs luisantes sous le soleil, ses mimosas au feuillage mouvant, ses haies d'aloès, ses palmiers plantés en avenue, ses orangers et ses citronniers taillés en berceau.

Quand ils étaient enfermés dans des allées d'arbres et d'arbustes, elle s'acquittait couramment de son rôle de cicerone, mais quand ils arrivaient à un tournant qui ouvrait des échappées de vue sur le lac, brusquement elle s'arrêtait, et au lieu de continuer ses explications, elle levait la tête et regardait; mais bien qu'elle ne dît rien, son père comprenait que ce n'était pas la beauté de l'eau bleue derrière le léger encadrement des lianes qui attirait ses yeux.

Pour cela il voulut abréger leur promenade dans les jardins et aller tout de suite à la villa, où elle ne serait pas exposée à ces tentations qui, malgré tout, la ramenaient à sa préoccupation; là peut-être trouverait-il un sujet de conversation qui la distrairait? Il en trouva un, en effet; si elle ne savait rien encore d'Alexandre et ne pouvait pas bavarder sur les bas-reliefs de Thorvaldsen, par contre elle était ferrée sur Bacchus et sur Psyché, et pendant longtemps ils purent parler de mythologie.

Quand ils rentrèrent à l'hôtel, l'heure du déjeuner était arrivée, mais Gabrielle demanda à le retarder un peu :

— Parce que tu comprends, papa, elle sera contente que nous l'ayons attendue.

Elle commanda un menu pour trois personnes, et elle le composa de ce qu'aimait sa mère.

Cependant il fallut se mettre à table sans elle.

M. de Chamalières fit durer le déjeuner autant qu'il put, mais il arriva un moment où il devenait impossible de rester à table.

Que faire pour occuper le temps ? Ils ne pouvaient pas rester toute la journée les yeux fixés sur le lac. Il pensa à l'église qu'elle lui avait montrée la veille, au-dessus du village, dans la montagne ; sans doute il y avait un chemin tel quel pour s'y rendre.

En effet, il y en avait un : deux heures pour la montée, une heure pour la descente. Si dure que pût être cette promenade par le temps qu'il faisait, mieux

valait encore la fatigue que l'attente sur
le débarcadère ou dans les chambres de
l'hôtel.

Elle accepta avec joie, et ils partirent :
si on venait les demander, ils étaient à
San-Martino. Mais maintenant Gabrielle
commençait à croire que sa mère ne s'ex-
poserait pas à traverser le lac pendant la
grande chaleur du jour ; elle attendrait la
fraîcheur du soir, et M. de Chamalières,
lui, en était arrivé à ne plus rien croire
du tout.

Au lieu de trois heures, ils en mirent
cinq à leur promenade, et distraite par les
accidents du chemin, essoufflée par l'as-
cension, engourdie par la douceur d'un
moment de sieste au bord d'une source,
amusée par la descente dans laquelle elle
dévalait plus vite qu'elle ne voulait, elle
ne parla pas une seule fois de sa mère ; à
la voir on eût pu croire qu'elle l'avait
oubliée.

Mais en rentrant dans le village, elle
eut un mot qui montra à son père le travail qui s'était fait dans son esprit :

— Tu sais, dit-elle, que ce matin j'étais bête comme tout de m'imaginer que maman pouvait venir de si bonne heure : il lui fallait bien le temps de faire faire ses malles, et avec Fanny on n'avance à rien. C'est maintenant qu'elle se prépare à partir.

— Tu crois.

— Je la vois : les malles sont faites et elles vont venir avec Fanny par le bateau à vapeur; maman, elle, va arriver en barque; elle est en ce moment devant sa glace en train de mettre son chapeau.

Si enfantin que cela fût, M. de Chamalières se demanda si cette enfant, avec une intuition mystérieuse, ne voyait pas plus loin et plus clairement que lui avec l'expérience de l'âge.

Quand on leur dit à l'hôtel que la personne qu'ils attendaient n'était pas arrivée, ils n'en furent ni l'un ni l'autre surpris :

— Tu vois, papa, je te l'avais bien dit.

Elle voulut retenir la table qu'ils avaient eue la veille, et il fut convenu qu'ils ne dîneraient qu'à la nuit..., à moins que...

En attendant, ils montèrent à leur chambre et s'assirent devant l'une des fenêtres qui ouvrait sur le lac; maintenant, il semblait que ce n'était plus un espoir chimérique de croire qu'elle pouvait arriver. D'ailleurs, si elle devait venir, n'était-ce pas en ce moment... ou jamais?

Le lac, que les barques avaient sillonné pendant toute la journée, commençait à se faire désert : on approchait de l'heure du dîner, et les promeneurs étaient rentrés; sur les eaux tranquilles, on ne voyait plus guère que de grands bateaux de charge immobiles, leur large voile carrée dépliée, attendant que le *tirano*, qui souffle du lever au coucher du soleil, leur permît de faire route pour les villages du sud; autour d'eux voltigeaient, avec des cris rauques, des bandes de mouettes qu'on appelle dans le pays des *laras.*

— Quand la barque quittera Bellagio, dit Gabrielle, nous la suivrons plus faci-

lement, et nous ne nous perdrons point
dans la confusion des autres barques,
comme ce matin.

Mais cette barque quitterait-elle Bellagio? Le père, qui n'avait pas beaucoup
espéré, n'espérait plus du tout. Et la fille,
que les déceptions de la journée, accu-
mulées les unes par-dessus les autres,
avaient énervée, se sentait envahie par
la crainte vague de l'abandon.

Un lourd silence s'établit entre eux; la
mélancolie du soir, s'ajoutant à leur angoisse, les troublait; ils ne se regardaient
pas pour n'avoir point à parler, et ils te-
naient leurs yeux fixés sur le lac, en
quelque sorte hypnotisés par son miroir
brillant que frappait le soleil s'abaissant
derrière eux.

Le temps passa, et le lac, silencieux et
désert depuis plus d'une heure, commença
à se ranimer : le dîner des hôtels était
terminé, et les promenades sur l'eau, plus
agréables dans la douce fraîcheur du soir,
reprenaient déjà : des barques se déta-
chaient des rives, de celle sur laquelle ils

étaient, comme de celles qui leur faisaient face, à Varenna, au loin, et, plus près, à Bellagio; le lac ne tarda pas à en être couvert.

Gabrielle n'osait plus rien dire, et elle ne s'écriait plus, comme le matin, à chaque barque qui se dirigeait sur Cadenabbia : « C'est elle »; mais elle avait pris la main de son père et la gardait dans les siennes.

Tout à coup il sentit qu'elle lui serrait les doigts, faiblement d'abord, puis presque tout de suite plus fort.

— Qu'as-tu, mon enfant?

— Il me semble...

Mais elle n'acheva pas; elle s'était si souvent trompée.

Presqu'aussitôt elle ajouta :

— Pourtant...

— Que vois-tu?

— Cette barque, sur la gauche, qui ne porte que deux personnes, le batelier et une dame assise à l'arrière, cachée par son ombrelle.

— Ne te fais pas une fausse joie.

— Non, papa, je ne veux pas m'en faire, mais je t'en prie, descendons sur la rive; je t'en prie, viens, viens.

Il se laissa entraîner plutôt pour ne pas lui résister que par espérance : ce n'était pas la première barque avec deux personnes qu'il avait vue depuis le matin, et aucune n'avait amenée celle qu'il n'attendait plus.

En quelques secondes ils arrivèrent à la rive, et sur les cailloux mouvants ils descendirent jusqu'à l'eau : ils se trouvaient ainsi en plein dans l'ombre projetée par les grands arbres du rivage, et en face d'eux, sur la côte opposée, ils voyaient Bellagio doré par les derniers feux du soleil couchant; sur le lac coulaient ses rayons obliques dessinant avec la netteté d'une projection tout ce qui faisait saillie sur l'eau.

— Papa, papa, dit Gabrielle d'une voix frémissante, je t'assure bien que je crois que c'est elle.

La barque venait droit sur eux, et conduite lentement par le batelier qui ne donnait que de temps en temps un paresseux coup de rames, elle avançait cependant; il tournait le dos à Cadenabbia, à qui au contraire la femme placée à l'arrière faisait face; mais comme sa tête était cachée par son ombrelle qu'elle tenait penchée en avant, on ne voyait pas son visage.

— Je t'assure que c'est la grande ombrelle à carreaux bleus de maman; personne n'en a une pareille à Bellagio.

— Les ombrelles se ressemblent.

— Non, pas celle-là !

Quelques coups de rames plus vigoureux firent voler la barque sur l'eau.

— Tu vois comme elle arrive.

A ce moment même, l'ombrelle se releva, et le visage apparut en pleine lumière.

— Maman! tu vois bien que c'est maman, s'écria Gabrielle triomphante.

— C'est vrai, tu avais raison.

Machinalement, dans le trouble de leur émotion, ils répétaient tous deux en même temps :

— C'est elle, c'est elle!

Et ils se serraient la main, le père celle de l'enfant, l'enfant celle du père.

— Crois-tu qu'elle nous voie? demanda Gabrielle.

— Non, nous sommes dans l'ombre.

— Je vais lui dire que nous sommes là : elle m'entendra, n'est-ce pas?

— Assurément.

Au moment même où elle allait crier, un vigoureux coup d'aviron donné d'un seul côté, fit virer de bord la barque, de sorte que Mme de Chamalières tourna le dos au rivage de Cadenabbia, et le batelier lui fit face, frappé en plein visage par la lumière rasante.

En même temps le père et la fille poussèrent un même cri, mais en même temps aussi ils arrêtèrent le nom qu'allaient jeter leurs lèvres :

— Bonoldi!

La barque virée, le ténor avait laissé les avirons pendre le long du bord, et il chantait :

Ecco ridente il cielo,
Spunta la bella aurora,
E tu non sorgi ancora.
E puoi dormir co si

Éperdue, Gabrielle se jeta sur son père.

— Ah! papa.

— Ton père t'aimera pour deux!

L'OMBRE

—

Voici comment j'appris que j'étais trompé.

Vous savez dans quelles circonstances je quittai Paris : fatigué, écœuré, las de tout et de tous, des choses, des hommes, des femmes, surtout des femmes.

Vingt années de vie parisienne à outrance sans une heure de repos ou de dé-

tente m'avaient surmené, j'étais à bout,
« vanné », comme on dit dans la langue
du sport ; l'excès même n'avait plus d'effet
sur moi.

Combien de fois, pendant les derniers
temps de cette existence, suis-je venu
m'asseoir à une table du Café Anglais ou
du Café Riche, et après avoir longuement
consulté la carte du jour en écoutant im-
patiemment les savantes provocations du
maître d'hôtel sans pouvoir me décider
pour rien, me suis-je levé de table sans
dîner, pour m'en aller, dans un faubourg
ou dans un village des environs, manger
la soupe des maçons ?

Combien de fois, à une première, après
avoir sondé la salle avec ma lorgnette,
suis-je parti exaspéré, de ne voir toujours
que les mêmes visages ?

A cela joignez un malaise général que
les médecins traitaient savamment, je
veux le croire, mais différemment :
— Mangez de la viande crue et buvez de
l'alcool, conseillait celui-ci. — Usez de
laitage, conseillait celui-là. Un vingtième,

plus original que les autres, me dit :

— Vivez de la vie naturelle.

A la fin, je me décidai à suivre ce conseil : pourquoi pas? ce serait un changement.

Ma fortune n'était pas en moins mauvais état que ma santé; cependant il me restait ma terre patrimoniale qui, avec les forêts et les fermes, vaut une centaine de mille francs de rente : ce fut au Mas d'Andol que je me retirai.

Je n'y étais pas revenu depuis la mort de mon père, c'est-à-dire depuis vingt-deux ans : aussi le château présentait-il un peu l'aspect de celui de la Belle au bois dormant après les cent ans de sommeil de la princesse ; mais ce n'était pas de broussailles, de toits moussus, d'odeur de renfermé que je prenais souci. D'ailleurs, ce ne furent ni ces broussailles, ni les mousses des toits que j'aperçus en arrivant devant cette maison où s'était écoulée mon enfance : ce fut cette enfance elle-même, ce furent les beaux cheveux blonds de ma mère et la

tête noble et sereine de mon père; de
même, en entrant dans les appartements,
ce ne fut pas l'odeur de renfermé qui me
saisit, ce fut, — les fenêtres ouvertes, —
l'air salin de la Méditerranée chantant à
travers la forêt là chanson des pins qui
m'avait si souvent bercé.

Après six mois de séjour au Mas d'Andol, de course en forêt, de vie naturelle,
j'étais raffermi et je ne m'inquiétais plus
du menu de mes repas, certain à l'avance
de déjeuner et de dîner de bon appétit,
quoi qu'on me servît.

Mais c'est quand on est malade qu'on
peut mettre le bonheur dans la santé; lorsqu'on se porte bien il faut, pour être
heureux, autre chose qu'un bon appétit
et qu'un bon sommeil. Si le Mas d'Andol
m'avait rendu la santé, il ne m'avait point
arraché à ma tristesse, à ma lassitude.

Que faire? me promener, chasser, manger, dormir, — la belle vie!

De famille, je n'en avais plus : seulement quelques parents éloignés, qui cher-
chaient trop ostensiblement à me bien

15.

marquer ces sentiments d'amitié démons-
trative qu'on a pour celui dont on espère
hériter un jour.

Me marier! je n'en avais même pas l'i-
dée, ayant fait du mariage, avec les
femmes des autres, d'assez malheureuses
expériences, pour ne pas les continuer
avec une femme qui porterait mon nom;
et puis, d'ailleurs, mon cœur n'était-il
pas mort, bien mort?

Je ne voyais presque personne et ne
quittais guère le Mas d'Andol, que pour
aller à Aix ou à Marseille mettre un peu
d'ordre dans mes affaires, ce qui était
mon unique occupation, ma seule distraction.

Une après-midi, à Aix, comme je me
promenais sur le Cours avec le baron...,
mais je ne veux pas prononcer son nom,
il suffit que vous sachiez, que nous avions
été amis d'enfance, — je remarquai une
jeune fille, assise avec sa mère, à l'ombre
d'un arbre; son air de douceur angélique
me frappa encore plus que sa beauté qui
cependant était grande; à plusieurs re-

prises, notre promenade circulaire me fit
passer devant elle, et chaque fois je me
sentis plus vivement touché par la douce
expression de ses beaux yeux de ga-
zelle.

Je ne demandai pas à mon ancien camarade qui elle était : que m'importait?

Mais rentré chez moi, je pensai à elle;
dans mon sommeil je la revis ; elle occupa
mes promenades solitaires; elle s'imposa
à mes rêveries.

Six jours après je revins à Aix, et je
manœuvrai avec toute la diplomatie dont
j'étais capable pour savoir qui elle était :
fille d'un conseiller à la cour, qui était
mort depuis trois ans sans laisser la
moindre fortune; elle vivait avec sa mère
d'une toute petite rente : beauté, grâce,
esprit, elle avait tout, excepté une dot :
donc, elle ne s'était pas mariée et il était
probable qu'elle ne se marierait pas, car
elle avait trop de fierté pour accepter un
homme qui ne serait pas digne d'elle.

— Il lui aurait fallu un mari comme
vous, me dit le baron.

— Me marier! à mon âge, dans ma situation, quelle folie!

— Pour moi, continua le baron, si j'avais votre fortune, il y a longtemps que je l'aurais demandée, sans m'inquiéter de mon âge, qui est cependant le vôtre; mais la médiocrité de ma position me condamne ou à épouser une fille riche, ou à ne pas me marier.

Et il continua à me démontrer avec chaleur et par toutes sortes de raisons que ce mariage, loin d'être un acte de folie pour moi, serait un acte de sagesse.

Je le quittai en riant.

Vous dire comment j'en arrivai en moins d'un mois à me répéter les raisons du baron, nous entraînerait trop loin : ce n'était plus folie d'aimer, ce n'était plus folie de se marier.

Ce fut le baron que je chargeai de présenter ma demande : accueillie favorablement par la mère, que ma fortune et mon nom décidèrent, elle fut repoussée par la jeune fille.

Loin de calmer ma passion naissante, ce refus l'exaspéra : à toutes ses qualités, cette jeune fille en joignait une aussi rare que belle — la dignité ; pauvre, elle ne se laissait point entraîner par la fortune ; elle voulait aimer son mari ; ne me connaissant point, elle ne pouvait pas m'aimer.

Je me ferais aimer.

Il me fallut six mois, six mois de fièvre, de craintes, d'espérances, mais aussi de bonheur.

Marié, ce bonheur se continua ; il s'épanouit, et il eût été sans nuages si je n'avais cru remarquer dans ma femme une sorte de mélancolie, une tristesse vague.

Regrettait-elle son mariage ? Trouvait-elle en moi un homme autre que celui qu'elle avait rêvé ?

Je pouvais m'arrêter d'autant moins à ces questions qu'elle me témoignait une très vive tendresse, non expansive cependant, non ostensible, mais discrète, recueillie, profonde et telle, qu'il eût fallu n'avoir pas d'yeux pour ne pas la voir, pas de cœur pour ne pas la sentir.

Et cependant?

Ce point d'interrogation qui se dressait devant moi, et autour duquel je tournais et retournais inutilement, me causait d'autant plus de tourments que, sans lui, j'aurais été l'homme le plus heureux du monde : cet amour m'avait rendu la vie; mieux que la vie : la jeunesse, et avec elle la foi, l'enthousiasme : j'avais vingt ans et je savais les avoir.

Je n'eusse pas aimé ma femme passionnément pour elle-même, que pour ce miracle de résurrection qu'elle avait accompli, je l'aurais adorée, pénétré de gratitude.

Par le fait de mon mariage, tout avait été changé au Mas d'Andol : le vieux château avait été transformé, au calme avait succédé le mouvement, car j'avais voulu qu'autour de la maîtresse de la maison tout fût jeune et brillant comme elle.

Nous recevions donc beaucoup.

Naturellement le baron était un de nos

hôtes ; il venait souvent, et même quand nous étions seuls il restait quelquefois plusieurs jours avec nous.

Un jour, nous étions sortis tous les trois en voiture, un break découvert que je devais conduire moi-même ; ma femme assise à côté de moi, le baron installé derrière sur un des sièges de côté.

Le but de notre promenade était d'aller chez mon notaire avec qui j'avais à décider une affaire pressante.

En arrivant chez celui-ci nous le trouvâmes sur la porte prêt à sortir, et, chose étrange chez un homme poli comme lui, il ne rentra pas pour me recevoir.

— Désolé, dit-il, on m'appelle à Fontanieu pour un testament, il paraît qu'il y a urgence.

— Eh bien, montez avec nous, Fontanieu est sur notre chemin, je vous conduirai, vous irez plus vite qu'à pied et nous pourrons causer en route ; pour mon affaire aussi il y a urgence.

Ma femme sauta légèrement sur le trottoir et monta à côté du baron ; il fallut donc que, malgré ses défenses polies, le notaire prit place à côté de moi sur le siège de devant.

Nous partîmes et, tout en causant de mon affaire, nous gagnâmes Fontanieu où je déposai le notaire à la croisée d'un chemin qui conduisait chez son client.

Ma femme voulut descendre pour revenir près de moi, mais je l'en empêchai, car à la fin de l'été on enfonce dans la poussière blanche de nos routes de Provence jusqu'à la cheville et à l'endroit où nous étions arrêtés, cette poussière justement s'était accumulée en une couche épaisse.

Elle insista, je ne cédai point :

— Ce n'est vraiment pas la peine, dans une demi-heure nous serons au château.

Et je touchai les chevaux.

De Fontanieu au Mas d'Andol le chemin court en lacets sur le flanc d'une colline escarpée et dénudée dans laquelle on l'a taillé à vif; d'un côté, à gauche, une muraille nue; de l'autre, à droite, des pentes abruptes couvertes de roches éboulées, et au fond, à cent ou cent cinquante mètres, le lit d'un ravin.

Après avoir monté pendant un kilomètre environ, nous devions redescendre une côte longue et rapide, c'était le moment, pour moi, d'être attentif, car mes chevaux étaient jeunes, ardents, attelés depuis peu de temps et je devais les bien tenir en main; je cessai donc de m'entretenir avec le baron vers qui, dans la montée, j'étais resté tourné et je ne m'occupai plus que de mes chevaux.

Pour que vous compreniez ce qui va suivre, je dois vous expliquer que nous avions, sur notre droite, le soleil qui s'abaissait, de sorte que, pour n'être pas aveuglés, ma femme et le baron étaient assis sur la même banquette, lui tournant le dos.

Tout à coup, contre la paroi de la colline taillée à vif dans la roche blanchâtre, je vis deux ombres noires rapprochées l'une de l'autre comme dans un baiser.

Ce fut un éblouissement, car la paroi s'interrompant brusquement, par suite

G.FRAIPONT

d'un mouvement de terrain, je ne vis plus rien.

Mais presque aussitôt la paroi reprit et je revis ces deux ombres aussi nettement dessinées qu'elles l'eussent été dans un miroir; l'une, celle de ma femme; l'autre, celle du baron : le baron, penché vers ma femme qui semblait se reculer, l'embrassait dans le cou.

Était-ce possible!

J'étais fou, c'était une hallucination.

Mais la réalité était là, visible, saisissante sur cette roche, me poursuivant.

J'avais vu, je voyais.

Sans même me retourner, je sanglai mes chevaux de coups de fouet furieux et, les enlevant, je leur fis franchir le parapet.

Quand je revins à moi j'étais étendu sur la pente de la colline, arrêté dans une touffe de broussailles.

Une voix faible, un appel retentit au-dessus de moi; difficilement je me tournai de ce côté.

— René!

C'était elle qui se retenait d'une main
à l'anfractuosité d'une roche.

Je me soulevai un peu.

— J'ai vu, vu le baiser.

— Mon Dieu! murmura-t-elle.

16.

Elle desserra la main, et passa près de moi, glissant sur la pente rapide.

Le regard qu'elle me jeta avait une expression de tendresse suprême.

Des ouvriers carriers, attirés par le bruit de cette chute effroyable, vinrent à mon secours ; j'avais une jambe cassée et une épaule démise, je ne pouvais faire un mouvement.

Mais je pouvais parler, interroger. Elle était morte broyée dans le ravin ; lui était mort aussi.

Les médecins me sauvèrent.

Cinq mois après cette journée, je pus accompagner les gens de loi qui procédaient à un inventaire indispensable, puisque j'avais voulu me marier sous le régime de la communauté.

Dans un meuble de sa chambre, on trouva une liasse de lettres que le notaire me remit : elles étaient du baron ; mon premier mouvement fut de les jeter au feu ; cependant, je ne les brûlai point.

La malheureuse avait été séduite par le baron qui, ne voulant pas d'elle parce qu'elle était pauvre, me l'avait fait épouser, espérant la garder comme maîtresse; elle n'avait pas cédé malgré les menaces dont il l'avait poursuivie, et le baiser que j'avais vu, il l'avait pris, elle ne le lui avait pas donné.

UNE PEUR

———

Il ne faut pas discuter de la peur, nous dit Blanchon, chacun a la sienne. Telle qui est ridicule pour celui-ci, est naturelle pour celui-là ; les uns ont peur d'une lame brillante ; les autres d'une peau d'animal ; moi j'ai peur des bêtes à sang froid, même des lézards et des grenouilles ; que je me promène dans les champs, que dans une vaste plaine dénudée je rencontre une mare aux bords plats sans aucune surprise possible, que des grenouilles effrayées par mon pas sautent dans l'eau paisible, me voilà secoué de la tête aux pieds comme si j'avais reçu une décharge électrique. Ceci vous expliquera comment j'ai eu à Anvers une terreur dont je tremble encore en la racontant.

J'étais à Anvers pour copier une seconde fois le tryptique de Quentin Metzys, l'*Ensevelissement du Christ*. Certainement la *Descente de croix*, l'*Assomption* de Rubens sont des œuvres admirables ; mais au musée l'*Ensevelissement du Christ* de Metzys est d'une bien autre force que le *Christ à la paille* de Rubens ; comme les fresques de Masaccio à la chapelle des Brancacci sont au-dessus des loges de Raphaël.

Mais ce n'est pas des primitifs qu'il s'agit, c'est de ma peur. Un jour que j'étais resté à travailler à ma copie jusqu'à la fermeture du musée, j'avais en sortant éprouvé le besoin de remuer les jambes et descendant à l'Escaut j'avais suivi son quai. La marée montante soulevait doucement les grands transatlantiques et les galiotes hollandaises aux listons verts. Sur le port encombré je flânais sans me soucier de l'heure, regardant les gros chevaux flamands qui traînaient sans effort les plus lourdes charges, admirant le fleuve gris aux lointains vaporeux où se noyaient les rayons de cuivre du soleil couchant. Peu à peu les prairies basses et tendres des rives se perdirent dans la brume du nord répandue sur ce soir d'été et je songeai à aller dîner. Il faisait sombre, l'eau des bassins devenait noire, et dans cette demi-obscurité je regagnai mon auberge située à côté du canal des brasseurs: une vieille maison qui ressemble beaucoup à celle de Plantin que tout le monde connaît, une étroite rue qui sent à plein nez les salaisons, le goudron et la rogue. En arrivant, je trouvai le dîner de table d'hôte fini. Il était tard; j'avais oublié l'heure dans la contemplation du doux ciel d'Anvers et

de son fleuve calme qui caresse si délica-
tement le flanc des bateaux.

Un seul voyageur, un retardataire
comme moi, était dans la salle à manger.
On mit nos deux couverts en face l'un de
l'autre. En attaquant un premier plat à la
sauce figée, j'examinai le soupeur avec la
curiosité d'un peintre qui a devant soi un
personnage inconnu, à l'allure pitto-
resque. Qui? Saltimbanque, homme civi-
lisé, sauvage? La figure était tannée et
rougeâtre, la chevelure inculte, mais l'œil
énergique. Je n'étais pas à table depuis
cinq minutes que mon inconnu se mit à
me parler; au bout d'un quart d'heure
nous bavardions comme d'anciennes con-
naissances. J'appris qu'il arrivait des
Indes et venait à Anvers pour essayer de
vendre au jardin zoologique une collec-
tion de bêtes, des panthères, des tigres,
des gazelles, des serpents. Devant cette
confidence il m'échappa une question
éloquente :

— Vos bêtes sont ici avec vous?

— Les panthères, les tigres et les gazelles à l'écurie dans leurs cages ; les ser-

pents dans ma chambre, oh !
bien raisonnables, enfermés
à double tour et roulés au
milieu de leur caisse de

voyage.

17

Des petits frissons me couraient déjà sur la nuque.

— Vous allez passer la nuit ici ?

— Assurément.

— Et si vos serpents s'échappent ?

— Ils dorment.

— Les yeux ouverts.

— Dame, c'est leur manière. Mais je vous réponds qu'ils ne sont pas toujours aussi terribles qu'on le croit en Europe. Je connais une jeune fille qui, là-bas, a gardé un cobra di capello toute une nuit sous son oreiller ; et, vous le savez, le cobra di capello est le serpent à sonnettes des Indes.

— L'aimable histoire !

— Elle ne s'était aperçue de rien, si ce n'est que des petits mouvements inexplicables secouaient son oreiller. Au jour, en examinant son lit, elle découvrit un bonhomme fort sage et très content qui leva la tête pour la regarder avec reconnaissance : la plus jolie bête qu'on pût imaginer ; j'en ai plusieurs : et aussi des cerastes et des crotales à votre disposition, monsieur, si vous vouliez les voir, ils en valent la peine ; ça n'a qu'un poumon, ça nage sans nageoires, ça marche sans pattes et c'est orné de deux cent cinquante paires de côtes.

— Je vous remercie. Des bêtes qui n'ont qu'un poumon et deux cent cinquante paires de côtes, ne m'intéressent que de très loin.

— Vous en auriez peur ?

— Je vous crois ; et même je trouve criminel qu'on apporte ces bêtes dans notre pays ; elles peuvent s'échapper.

— Et la science !

— Si elles sont nécessaires à la science, que les savants aillent les étudier sur place, qu'elles ne viennent pas s'offrir aux savants dans notre pays.

Malgré moi, la conversation continua encore quelque temps sur ce sujet et ce fut ce soir-là que j'appris qu'avant de nous engloutir tout vivants les reptiles ont la précautionneuse coutume de nous lécher abondamment ; il paraît que ça

passe mieux. J'avais froid quand je levai
la séance.

Ma chambre était la dernière au bout
d'un corridor. J'y montai aussitôt et, la
tête pleine des histoires de la soirée, je
me déshabillai lentement, non sans avoir
préalablement découvert mon lit, soulevé
mes rideaux, ouvert mes armoires.

Pendant que je faisais mes ablutions,
j'entendis du bruit dans la chambre à
côté de la mienne et une voix me cria :

— Bonsoir, monsieur, j'entends que
vous n'êtes pas encore couché. Dormez
bien, aussi bien que moi qui ne me suis
pas mis dans un lit depuis huit mois.

L'homme aux cobra di capello !

Je fus sur le point de me rhabiller et
de demander à changer de chambre. Cependant le dégoût de me mettre dans un
nouveau lit qu'on me préparerait à la
hâte, la gêne, l'amour-propre d'avouer
mes craintes enfantines, me retinrent.
C'était trop bête et trop ridicule ; ces serpents endormis n'allaient pas traverser le
mur ou descendre par la cheminée pour

17.

venir coucher avec moi. Me faisant violence, j'éteignis la bougie et gagnai mon lit, éloigné de toute la largeur de la pièce de la chambre aux serpents.

Je restai longtemps sans dormir, me tournant cent fois, nerveux, agacé de me sentir encore et malgré moi hanté par l'idée de ce voisinage. Sous la porte de communication des deux chambres dont j'avais assuré le verrou, je voyais filtrer un rayon de lumière et je redoutais le moment où il disparaîtrait, Sa bougie éteinte, mon collectionneur ne pourrait pas surveiller ses pensionnaires et il s'endormirait de ce sommeil de plomb qu'il m'avait annoncé. Elle disparut la petite lueur et aussi s'éteignirent les bruits de la maison... Un silence morne, une nuit noire...

Je m'endormis, mais d'un sommeil craintif et léger, d'un sommeil qui attend et qui guette. Combien de temps ai-je dormi ainsi, je ne l'ai jamais su; une heure, deux heures peut-être. Je fus tiré de cet état par un bruit qui m'arracha à l'instant aux indécisions du réveil en sursaut. Je savais où j'étais : mes frayeurs, mon voisinage, ma répugnance à me coucher, les histoires qui m'avaient impressionné, tout me revenait en un coup. La tête libre comme si je n'avais pas dormi, mais le cœur battant, je m'assis sur le lit et j'écoutai.

C'était un bruit extraordinaire : une sorte de clapotement irrégulier, sourd, mat, qui cessait une seconde, puis reprenait lent ou précipité avec de temps à autre un flouc plus lourd suivi d'un silence. J'allongeai vivement les bras vers ma table pour prendre des allumettes, je ne les trouvai pas. J'avais laissé sur la cheminée la boîte et la bougie. Je tenais mon cœur à deux mains, il sonnait trop fort ; les yeux écarquillés, je regardais.

Il faisait noir, noir comme dans un puits et le bruit continuait maintenant un peu plus alangui, mais les floucs au contraire étaient plus fréquents et plus lourds. Un cri fou s'étrangla dans ma gorge : les serpents ! Mon sang s'arrêta dans mes

veines. Terrifié, je voulais appeler, crier
comme dans un rêve, je ne pouvais pas.
Inondé de sueur froide, la mâchoire ser-
rée, je retombai sur mon lit étouffé d'angoisse.

Dans ma cervelle en tempête, qui cependant pensait net et voyait clair comme
si elle était à un autre qu'à moi, je m'expliquais tout et je suivais les reptiles dans
leurs marches.

Ils s'étaient glissés sous la porte de
communication, cette porte que j'avais
regardée avant de m'endormir et qui laissait passer des jets de lumière larges de
deux doigts ; le clapotement et les floucs,
c'était le rampement de l'animal qui tantôt allait doucement en cherchant sa direction, tantôt se dressait et retombait
avec hardiesse, ayant senti ce qui l'attirait ; le son mat de la peau visqueuse sur
le carreau, je le reconnaissais, le frôle-
ment lourd d'une chair vivante, je l'entendais. Et tout à l'heure au milieu de
mon lit des reptiles glacés, monstrueux,
s'allongeraient près de mon corps que

bientôt ils enlaceraient, pendant que des langues baveuses et gluantes me léche-raient le visage. Littéralement j'étais à l'agonie.

Pourtant dans le débat de mes pensées un souvenir me vint. Les reptiles, lors-qu'on ne les irrite pas et qu'ils ne sont pas affamés, n'ont qu'un besoin, qu'une idée — la chaleur. L'état de béatitude qu'ils trouvent les engourdit et ils peu-vent rester longtemps inoffensifs. Par un effort désespéré je pus me redresser et, saisissant ma couverture de laine, je l'en-levai pour la laisser tomber sur le car-reau de la chambre. De quelle oreille j'écoutais! Qu'allaient-ils faire, enten-drais-je, comprendrais-je? Les nerfs ten-dus, je restais haletant.

Il était certain que le bruit s'affaiblis-sait et devenait plus paresseux et plus rare. Avaient-ils trouvé la couverture?

Enfin je n'entendis plus rien. Je pous-sai un soupir d'espoir, mon corps que la terreur avait cloué se détendit un peu, je respirai plus facilement et j'essayai d'appeler, mais je ne reconnaissais pas ma voix, elle était sourde et éteinte ; personne ne bougea ni ne répondit ; alors je tentai de suivre un raisonnement, de m'arrêter à quelque chose. Ce que je compris tout de suite, c'est que jamais avant le jour je n'aurais la force de sortir de mon lit et de poser les pieds par terre. La pensée qu'en marchant je pouvais toucher ou heurter une bête hideuse dont le simple contact m'aurait anéanti ne me laissait aucun courage d'esprit. Me lever et fuir quand le jour viendrait et que je pourrais connaître le danger et l'éviter — oui ; aller en aveugle et en brave — non. Je devais rester grelottant, blotti dans un coin de mon lit, sans mouvement, de peur, en allongeant les bras ou les jambes, de rencontrer la peau lisse et ferme dont à chaque minute je pouvais prévoir l'enlacement.

Quelle nuit ! Je calculais tout. La couverture refroidie, n'iraient-ils pas chercher un nid plus tiède ; la peau humaine n'était-elle point un appât irrésistible pour ces avaleurs d'êtres vivants ? Le besoin seul de mordre dans un sang chaud et palpitant ne les tirerait-il pas de cet état de béatitude sur lequel j'avais compté pour me sauver ? Mon oreiller suivit la couverture et, collé au mur, à peu près coulé dans la ruelle, j'attendis.

Ce n'est pas assez de dire que le jour fut long à venir. Enfin je vis, du côté des fenêtres, une blancheur d'aube, mais si pâle, qu'il fallait mon angoisse pour me la faire apercevoir. Cependant peu à peu elle s'affirma, doucement elle grandit, et je pus distinguer mes fenêtres. Le petit jour qui entrait me permettait déjà de reconnaître dans ma chambre des ombres, des formes, mais par terre comment fouiller des yeux ce tas de la couverture et de l'oreiller, comment voir près de moi, dans l'ombre des rideaux, si rien n'avait bougé, si j'étais seul.

Ah ! que je la trouvai belle la lumière qui entra franchement en glissant sur le carreau et éclaira jusqu'aux coins les plus reculés de la pièce ! Depuis qu'il fai-

sait à peu près clair, je surveillais la couverture, maintenant je la voyais mieux.
Rien d'inquiétant de ce côté. Très mince,
elle était tombée affaissée, et aucun sou-
lèvement n'indiquait qu'elle fût habitée.
L'oreiller, resté droit contre une chaise,
n'avait pas pu devenir un abri. Mon petit
tapis était bien plat devant mon lit, et

autour de moi pas autre chose que mes
draps froissés.

Avais-je eu une hallucination ?

De mon lit, je pris mes pantoufles, un
pantalon, et, les ayant enfilés, j'osai me
risquer. La couverture toujours flasque
semblait un modèle de candeur. J'avan-
çais malgré cela avec prudence en me

18

tenant du côté de la porte, mais je n'avais
pas hasardé trois pas que je compris tout.
Ma cuvette pleine d'eau et restée par terre
servait de tombeau à une souris. C'étaient
ses efforts pour se sauver qui m'avaient
éveillé, c'était son agonie, cette longue
et tragique noyade qui m'avait terrifié.

Le soir, j'avais changé de logis.

SOUS LE SUAIRE

Deux jours avant mon départ de Paris
pour retourner dans ma province j'étais
aux Variétés, lorsque, vers dix heures, je
vis entrer dans une loge d'avant-scène
trois jeunes gens qui, par le tapage qu'ils
firent, attirèrent l'attention de toute la
salle. Quelle ne fut pas ma surprise de
reconnaître dans l'un d'eux un de mes
anciens camarades que j'avais perdu de
vue depuis longtemps !

A l'entr'acte je m'approchai de l'avant-
scène. Mais avant que nous eussions pu
échanger dix paroles, ses amis l'appelè-
rent.

« Pardonne-moi, dit-il, en me serrant
la main, je suis obligé de partir tout de
suite ; seulement je ne pars que si tu me

promets de venir déjeuner demain avec moi pour que nous renouvelions connaissance. »

Lorsque je m'étais lié avec ce camarade à l'école de droit, il se nommait tout simplement Chopart; sur la carte qu'il me remit je lus : *Cho' Pard du Vallon*. Je dois dire que cette façon d'écrire Cho' Pard à l'irlandaise m'eût procuré un moment de douce gaieté si ce nom dans son entier, Cho' Pard du Vallon, n'eût été un de ceux que j'avais vu cités le plus souvent dans les journaux du sport. Eh quoi ! mon ancien camarade était devenu un des plus célèbres gentlemen riders de France.

A onze heures, je sonnais à la porte d'un entresol, rue de Ponthieu. Un domestique vint m'ouvrir.

— M. Cho' Pard du Vallon ?

Au lieu de répondre, le domestique secoua la tête.

— Ce n'est pas ici ? demandai-je.

Il pencha la tête trois fois en avant pour dire oui.

— Alors il ne peut pas recevoir?

Il secoua la tête pour dire non; tout cela d'un air lugubre.

— Mais j'ai rendez-vous avec lui.

— Hélas! monsieur, il est sous le suaire, dit-il d'une voix caverneuse.

18.

— Ah! mon Dieu! et je fis un bond. Sous le suaire, Chopart que j'avais vu la veille si gai et si solide!

Quoique ce domestique ne fût guère causeur, ce que je m'expliquais très bien, pensant à l'affliction dans laquelle un pareil coup l'avait dû jeter, je voulus l'interroger.

— Mais comment cela est-il arrivé? Je l'ai vu hier au théâtre.

— Au dîner, monsieur, il n'y pensait pas, mais cette nuit, en rentrant, il me dit : « Demain je me mets sous le suaire. »

— Un suicide !

— Oui, monsieur, c'est le vrai mot, un suicide ; un homme si fort, si solide, si bien bâti, c'est un suicide. Les flanelles, les couvertures, ce n'est rien, mais le suaire! »

Je baissai la tête.

— N'est-ce pas, monsieur, que c'est un crime ? Une fois, deux fois on en revient, mais trop souvent...

Je le regardai avec stupéfaction.

— Je vois bien que monsieur est un
ami de M. du Vallon, dit-il, si monsieur
voulait entrer et le voir... »

Dans une antichambre sombre, on
respirait une étrange odeur chaude et
âcre à la fois qui vous prenait à la gorge;
les cierges sans doute qui brûlaient auprès du lit mortuaire. Pauvre garçon !

—Dites-lui bien, n'est-ce pas? qu'il ne
recommence pas, me murmura le domestique à l'oreille.

Avant d'avoir pu me rendre compte de
ces paroles insensées, la porte de la
chambre s'ouvrit.

Au milieu de la pièce, j'aperçus une
grande enveloppe blanche; la tête du
cadavre sortant de cette enveloppe qui
serrait au cou.

Chose étrange, il ne paraissait pas
couché, mais assis, et cette tête, au lieu
d'être décolorée, était rouge comme un
homard. Chose horrible, elle remua, les
lèvres s'agitèrent, et de cette bouche de
spectre sortit une voix qui disait joyeuse-
ment :

— Tiens, c'est toi !

Assurément, si la porte n'avait pas été refermée, je me sauvais.

— Me prends-tu pour un fantôme ?

Je balbutiai quelques mots.

— Je comprends ton étonnement, poursuivit du Vallon, qui décidément n'était pas mort; tu vois devant toi un homme qui se fait suer sous le suaire en caoutchouc et qui, avant ce soir, doit avoir perdu quelques livres de son poids.

— Comment cela ?

— Au moyen de trois lampes qui sont allumées sous cette enveloppe et qui font fondre ma graisse; c'est simple comme le jour, seulement ce n'est pas agréable.

Je commençai à me remettre: Du Vallon ne s'était pas suicidé, le domestique n'était pas fou, mais moi j'étais un niais; il ne fallait pas qu'on en eût trop la preuve si je ne voulais être déshonoré pour le restant de ma vie. Le hasard me faisait tomber chez une des gloires du sport, c'était une heureuse chance que je devais exploiter sans me compromettre : il fallait donc le faire causer sans causer moi-même.

— Sais-tu que c'est drôle de tomber ainsi dans les coulisses du sport.

— Et un jour de grande représentation encore, car tu penses bien que je ne me livre pas tous les matins à cette suée violente, il faut des circonstances tout à fait exceptionnelles.

— Alors tu es donc dans des circonstances de ce genre ?

— Je crois bien, je monte après demain dans un *handicap*, et je ne dois peser que cinquante et un kilos ; pour un jockey, c'est un poids ordinaire, mais pour un gentleman, cent deux livres, c'est raide ; il faut donc que d'ici là j'arrive à ce poids, et le suaire en caoutchouc, aidé d'une médecine, peut seul faire ce miracle. Si j'avais été prévenu, je me serais entraîné régulièrement et progressivement, et j'y serais bien arrivé ; on peut très facilement maigrir d'une livre par jour sans souffrir.

— Vraiment !

— Tu comprends que si tous les matins, en me levant, j'endosse les uns par dessus les autres trois pantalons de flanelle, cinq gros gilets, si par là-dessus je mets mes vêtements ordinaires, si ainsi chargé je fais une dizaine de kilomètres au pas de course, si en rentrant je bois deux ou trois tasses de thé très chaud, si j'observe une diète sévère, c'est-à-dire si je reste sur mon appétit, ne mangeant ni légumes, ni viande, ni pain, ne buvant ni alcool, ni vin pur, je peux très bien en dix jours, perdre dix livres. C'est là le régime des jockeys qui veulent se mettre en état, et il n'a rien de mauvais. Au lieu d'affaiblir il fortifie. Mais pour maigrir du jour au lendemain il faut autre chose, et voilà pourquoi je suis sous cet appareil comme un Saint-Laurent sur son gril.

— Et quand tu pèserais deux livres de plus ?

— Malheureux, tu ne sais donc pas ce que c'est qu'un *handicap !*

Je n'étais pas au bout de mes étonnements avec mon ami du Vallon.

— Veux-tu sonner ? me dit-il.

Le domestique qui m'avait introduit arriva à mon appel.

— Retirez-moi de là-dessous, dit du

Vallon, et vous nous servirez le déjeuner.

Les lampes et le suaire avaient produit de l'effet, car lorsqu'il se leva, en moins d'une minute le parquet fut inondé de sueur; les gouttelettes coulaient, passez-moi la comparaison, comme la graisse tombe d'un gigot dans une lèchefrite.

Il se débarrassa de son enveloppe en caoutchouc, et son domestique lui apporte un grand vase plein d'eau chaude dans laquelle nageait une éponge; aussitôt il se fit des lotions sur tout le corps, et après qu'il eût été bien essuyé et bien frictionné avec des linges de laine, il endossa des vêtements de flanelle.

— Maintenant déjeunons, dit-il, je me sens faible.

On l'eût été à moins.

Mais le déjeuner qu'il prit n'était guère de nature à le réconforter; tandis que j'avalais, avec la voracité d'un homme dont le repas est retardé de deux heures, une sole frite, quatre rognons à la brochette et trois tranches épaisses de pâté

de perdreau truffé, il se contenta d'une
rôtie trempée dans une tasse de thé et de
quelques feuilles de cresson.

Je ne pus m'empêcher de lâcher une
exclamation de surprise.

— En te regardant, dis-je, je ne peux pas comprendre comment il se trouve d'honnêtes gens pour accepter un pareil traitement et un pareil régime.

— Et la gloire ?

Après le déjeuner, mon ami du Vallon se remit sous le suaire; l'enveloppe en caoutchouc fut hermétiquement close au cou, on la drapa bien, de manière que l'air frais ne pût pas pénétrer et les lampes furent allumées.

En moins de dix minutes la tête de mon ami devint rouge, son nez fort et busqué avait l'air d'une patte de homard.

Le déjeuner m'avait mis en gaîté.

— Veux-tu que je t'arrose ? dis-je en riant.

— Oui, donne-moi une tasse de thé.

Le liquide chaud eut pour effet d'augmenter la poussée; comme une barre de fer qui est au feu, il passait par tous les tons du rouge, seulement c'était en sens inverse, il avait commencé par le rouge blanc, il était arrivé au rouge cerise.

En le regardant, je me rappelais avoir

vu de pauvres diables d'ouvriers verriers qui, pour gagner leur misérable vie, enduraient le supplice de la cuisson, tandis que ce supplice, du Vallon se l'imposait de gaîté de cœur pour la gloriole d'endosser une casaque rose ou grise devant vingt ou trente mille spectateurs qui se moqueraient de lui.

Ces réflexions plus ou moins philosophiques furent troublées par un bruit de voix qui s'éleva dans l'antichambre.

— C'est le marquis de Redhill et Kinghorn, son entraîneur, dit du Vallon.

Ceux-ci entrèrent. L'un était un homme de grande taille, bien pris, solidement campé, la tête belle, avec un air de dignité et d'indépendance, — le marquis, sans aucun doute; l'autre était un gros garçon pesant au moins cent kilos, tout jeune encore, l'air bon enfant et bon vivant d'un riche fermier, avec cela une mauvaise houppelande grise pour costume, — assurément l'entraîneur.

Quelle fut ma surprise en voyant celui que je prenais pour l'entraîneur donner

une poignée de main à du Vallon, tandis
que celui que j'avais reconnu pour le
marquis de Redhill le saluait poliment !
Je m'étais trompé.

— Est-ce que ce gentleman parle l'anglais ? demanda le marquis dans sa
langue maternelle.

Élevé par une bonne anglaise, le hasard

voulait que je parlasse cette langue presque aussi bien que le français, mais du
Vallon l'ignorait. En entendant la demande du marquis, je pensai qu'il avait
quelque chose de particulier à dire à mon
ami et que, si je paraissais le comprendre,
il ne parlerait pas devant moi. Je pris un
air indifférent; j'étais là pour m'ins-
truire.

— Lui, répliqua du Vallon, c'est un
bon provincial de mes amis; il n'entend
rien ni aux courses ni à l'anglais.

— Alors, continua le marquis en anglais, éteignez vos lampes, mon cher, et
sortez de votre suaire, vous ne montez
plus *Crevette*, vous montez la *Gredine*.

— Pourquoi diable m'avez-vous laissé
me flanquer cette suée? s'écria mon ami
en jetant au loin son enveloppe de caoutchouc. La *Gredine* porte soixante kilos; je
n'avais pas besoin de me faire maigrir. »

A cette exclamation, le marquis répondit par un formidable éclat de rire,
tandis qu'un air narquois apparaissait
sur la figure de Kinghorn.

«Il fallait, dit celui-ci, que tout le monde sût bien que M. du Vallon se faisait maigrir.

— Tout le monde le sait. Naigret est venu ce matin, il m'a vu sous ce manteau.

— C'est parfait.

— Voyons, mon cher marquis, je vous en prie, expliquez-vous.

Je m'étais mis dans un coin, où je m'étais plongé dans un numéro du *Sport*, mais je ne perdais pas un mot de cette conversation.

— Dans le commencement, continua le marquis, nous avions réellement l'intention de gagner avec *Crevette*, je ne m'en suis pas caché, et comme elle est bonne, comme elle est avantagée par le poids, tout le monde a vu en elle le vainqueur; si bien qu'elle est à 4/1 dans la cote, tandis que la *Gredine* est à 16/1. Mais voilà qu'aux essais la *Gredine* se montre meilleure, montée par un gamin, tandis que *Crevette* était montée par notre jockey; elle l'a battue avant-hier de trois longueurs, hier de cinq, ce matin de dix très facilement. Elle est sûre de gagner. Quand j'ai vu cela, j'ai commencé à faire prendre en cachette autant de la *Gredine* qu'on a voulu m'en donner; au *betting*, ils en sont toujours à *Crevette*.

Cela était évidemment très drôle, car tous trois se mirent à rire.

— Ma foi, je ne regrette pas ma suée, dit du Vallon.

— Vous comprenez, poursuivit le marquis; tous ils sont convaincus que nous gagnerons avec *Crevette*, tous ils parient pour *Crevette*; eh bien! *Crevette* ne partira pas; on la promènera demain bien ostensiblement dans le pesage; les paris continueront d'autant plus que la *Gredine* est restée à Chantilly, d'où elle arrivera demain seulement; à la dernière seconde, j'annoncerai que *Crevette* ne part pas, et ils avaleront un bouillon. Il y a assez longtemps que j'arrose le *betting*. Je me venge et me rattrape. Donc, jusqu'à demain, secret absolu, et laissez toujours croire que vous vous faites maigrir.

— Seulement, maintenant, soignez vos bras, acheva Kinghorn, la *Gredine* tire en diable, vous en aurez besoin.

— Ils paieront, et ils ne pourront pas se fâcher.

Les rires recommencèrent, et quand du Vallon rentra, après avoir reconduit ses visiteurs, il riait encore.

J'avais compris en gros la machination de ce coup d'adresse, mais dans le détail, il y avait bien des choses qui m'avaient échappé; je voulus tâcher de me les faire expliquer.

— Probablement, dit-il, tu ne connais ni Bolton, ni Jacob.

— Qui sont ces messieurs?

— Ce ne sont pas des messieurs.

— Je ne les connais pas.

— Alors tu vas aller chez eux : Bolton, boulevard Montmartre; Jacob, rue Le Peletier, et chez chacun d'eux, tu parieras cent louis pour la *Gredine* et cent louis contre *Crevette*. Tout le monde parie pour celle-là, ils te la donneront, n'importe à quelle cote tu la prendras; tu feras les paris en ton nom et surtout tu ne prononceras pas le mien.

— Comment, tu paries contre ton cheval ? Je croyais que c'était défendu.

— C'est pour me couvrir ; j'ai beaucoup de paris pour, et si, par hasard, je n'arrivais pas le premier, je perdrais trop. Tu comprends ?

— Très bien. Personnellement pour qui m'engages-tu à parier ?

Il me regarda un moment en hésitant.

— Dame... pour le cheval que je monte.

Il me passa un froid dans le dos. Égorgé par mon ami, c'était raide.

A la porte, du Vallon m'arrêta :

— Un conseil, ne parie pas aujourd'hui ; tu sais, dans une nuit, il se passe bien des choses ; je te dirai demain sur qui tu devras mettre ton argent.

Ce dernier mot me toucha ; mais ce fut seulement plus tard, quand l'expérience me fut venue, que je compris combien il était beau, car dans le monde des parieurs c'est généralement son ami intime qu'on trompe le premier.

J'allai chez MM. Bolton et Jacob, et en plus des paris de mon ami du Vallon, j'en fis un de cinquante louis pour moi sur la *Gredine*.

Le lendemain, aux courses, les choses se passèrent telles qu'elles avaient été convenues; *Crevette* ne partit pas et la *Gredine* arriva première; je gagnai cinq cents louis.

Il y eut une clameur terrible; mais légalement on ne pouvait pas se plaindre.

LE MAGOT

Mon nom de fille est Lisbeth Kœbelé, le nom de mon mari est Jérôme Cochard. Comment j'ai quitté Wissembourg, où je suis née, pour venir m'établir ici, à trois lieues de Paris, c'est mon histoire, et je ne demande pas mieux que de vous la dire, puisque vous êtes curieux de la savoir.

Je n'ai pas à vous apprendre que je suis bossue, ça se voit. Ne dites pas non, et, par bonté, n'essayez pas de me démontrer que j'ai une épaule plus haute que l'autre. D'honnêtes personnes comme vous m'ont déjà voulu faire quelquefois cette politesse, mais je me connais; il n'y a pas que les belles femmes qui se regardent dans leur glace, les laides aussi vont à leur miroir, et souvent : si on était changée depuis la dernière fois ?

D'ailleurs, quand même je ne me serais jamais mirée, je saurais encore à quoi m'en tenir; car pour tout le monde, à Wissembourg, j'étais « la bossue ».

Vous pensez que ce n'était pas sans chagrin que j'entendais du matin au soir ce mot me sonner aux oreilles; et je conviens aujourd'hui que ça a rendu ma jeunesse bien triste. C'est une grâce du bon Dieu que je n'en sois pas devenue méchante. Quand les femmes et les filles de mon âge se moquaient de moi, cela me faisait rager; quand c'étaient les hommes, cela me faisait pleurer. J'avais, il est

vrai, ma langue pour me défendre, mais
je ne pouvais pas rendre tous les coups
aussi forts qu'on me les portait, et quand
on me disait :

« Parle de nos amoureux tant que tu
voudras, nous ne te répondrons point là-
dessus, car tu ne trouveras jamais un
homme pour t'épouser. »

Je me taisais, sentant bien en moi-
même que c'était vrai.

C'était là ma grande peine, car je vous
confesse que j'avais envie de me marier;
il me semblait que je serais heureuse
quand j'aurais quelqu'un à aimer.

Pour comprendre ces idées de femme,
il faut que vous sachiez, car j'ai oublié
de vous le dire, que je n'avais pas de parents. Je n'avais jamais connu mon père;
et ma mère, je l'avais perdue quand j'allais avoir quinze ans. Restée veuve avec
trois enfants, sans autres ressources que
celles qu'elle pouvait trouver dans son
métier à tisser, ma mère s'était tuée de
travail pour nous élever. C'était une Lor-
raine des environs de Metz, dure à la

fatigue, comme les gens de son pays; mais la santé n'était pas égale à la volonté, elle succomba à la peine, juste au moment où nous arrivions à l'âge de travailler avec elle et de la soulager. Il fallut se séparer; mon frère, qui était un grand et beau garçon de dix-huit ans, s'engagea comme soldat, et fut envoyé en Afrique, où il mourut de la fièvre; ma sœur fut emmenée à Paris pour soigner les enfants d'une famille riche; quant à moi, je restai à Wissembourg servante dans une brasserie, où l'on voulut bien me recevoir et me garder plus par charité tout d'abord que par besoin, car alors je n'étais pas véritablement propre à rendre de grands services à mes maîtres.

Les années s'écoulèrent; en prenant des forces je me fis au travail, car ce n'était pas le courage et le bon vouloir qui me manquaient. Je me rendis utile à la maison, j'étais prompte à me remuer, je n'avais pas besoin de beaucoup de sommeil; levée la première, j'étais la dernière couchée. On commença à me considérer.

Pendant ce temps, j'avais vu toutes mes camarades qui avaient à peu près mon âge se marier les unes après les autres, celle-ci à dix-huit ans, celle-là à vingt-trois ou vingt-quatre, et moi j'étais restée fille, sans qu'aucun homme pensât à m'épouser.

Plus d'une fois, il est vrai, on m'avait dit des paroles d'amour; mais quand j'avais ouvert les oreilles à ces paroles, j'avais vite compris qu'elles n'étaient pas sincères.

Le temps continua de marcher, et jour par jour les années s'ajoutèrent aux années. Comme j'approchais de la trentaine, voilà qu'il se trouva un homme qui me parla doucement en me regardant avec des yeux craintifs. Naturellement je me tins sur mes gardes.

Mais je ne tardai point à sentir que j'avais tort d'être en défiance. C'était un soldat de la garnison, ou plutôt une espèce de soldat : ouvrier tailleur au régiment; ni bien solide ni bien hardi, mais bon de cœur, doux avec tout le monde, sans jamais blâmer ni railler personne, et puis enfin il avait une façon de me regarder qui me faisait chaud au cœur.

Comme il avait encore un an de service à faire, il fut décidé que nous nous marierions à l'expiration de cette année, et notre mariage se fit juste ainsi qu'il avait été convenu.

Pour riches, nous ne l'étions guère : Jérôme n'avait rien, et moi je n'avais pour tout bien que trois cents francs économisés à la longue sur mes gages.

Nous ne voulions ni l'un ni l'autre rester à Wissembourg : Jérôme, parce que ce n'était pas son pays; moi, parce que c'était le mien; j'y avais été malheureuse; on m'y avait fait souffrir jeune fille, j'avais peur qu'on m'y fît souffrir encore plus tard.

Nous arrêtâmes donc de venir dans le pays de mon mari, c'est-à-dire ici. Nous n'avions pour nous établir, Jérôme que son aiguille, ce qui n'est pas beaucoup pour un homme; moi je n'avais que mes bras. Cependant quand on veut s'en don-

ner la peine et qu'on n'est pas trop or-
gueilleux dans ses demandes, on finit
toujours par trouver à gagner sa vie :
Jérôme eut de l'ouvrage chez un tailleur
du pays qui lui donna cinquante sous par
jour ; moi, qui ne pouvais plus être servante et n'avais pas de métier dans les
mains, je me fis laitière, c'est-à-dire que
j'allai toutes les nuits à trois heures du
matin acheter deux grands brocs de lait à
un voiturier qui passe sur la route de
Paris, pour les rapporter ici et les vendre
en détail.

C'était assez dur de s'en aller toutes les
nuits par le froid, la pluie ou la neige, à
une lieue dans le bois, chercher mes
brocs qui étaient lourds à remonter, mais
je n'ai jamais été tendre à la fatigue, je
ne pensais pas à la peine, je ne pensais
qu'à mon gain.

Il ne faut pas que ce que je vous dis là
vous donne l'idée que je faisais de gros
bénéfices ; de vrai, je ne gagnais que
trois francs par jour, un sou par litre ;
mais pour une femme c'est déjà bien

beau; nous étions les gens les plus heureux du monde; mon mari était bon pour moi, ne disant jamais un mot plus haut que l'autre, toujours content, ne buvant pas.

Si l'on a raison de dire que les malheurs ne viennent jamais seuls, on devrait le dire aussi des bonheurs, je me trouvai enceinte.

Pendant un an ç'avait été ma grande peine, mon souci de tous les jours, de savoir si j'aurais un enfant; quelle joie quand je sentis remuer le mien! j'étais donc une femme comme les autres.

Mais après la première poussée de joie, l'inquiétude me reprit : comment serait mon enfant? Serait-il droit comme son père? Ne serait-il pas plutôt comme moi?

Le temps me parut long à attendre; quand le moment arriva, j'étais si angoissée de ma crainte, que j'en oubliai presque mes douleurs.

— C'est un garçon, dit la sage-femme.

— Est-il droit?

— Comme un peuplier.

— Ça sera un superbe soldat, dit mon mari.

— Il pèse plus de dix livres, ajouta la sage-femme.

La vérité est que c'était un bel enfant; le plus beau que j'aie jamais vu : fort, frais, sain et bien fait! Pouvez-vous vous figurer la joie d'une femme comme moi?

Quand je commençai à réfléchir, le mot de mon mari me revint à l'idée pour me tourmenter; soldat! mon fils, soldat! pour qu'on me le tue où qu'on me l'es- tropie, un si bel enfant, ce n'était pas possible.

Alors il me poussa dans la tête que je ne devais pas permettre ça et qu'il fallait le racheter; car à cette époque-là on pou- vait encore se faire remplacer. Le rache- ter, quand nous n'avions pas un sou à nous et que nous gagnions tout juste ce qui était indispensable à notre vie, c'était là une idée bien ambitieuse, n'est-ce pas? Cependant quand elle m'eut prise, elle ne me lâcha plus : mon fils ne serait pas soldat et je lui économiserais les

G. FRAIPONT

1,500 francs qu'il fallait pour lui acheter
un homme.

Pour cela, combien me fallait-il mettre
de côté tous les jours? Ce fut un calcul
qui me prit du temps et me donna du
travail. A la fin, je trouvai que j'avais à
moi sept mille trois cents jours avant que
mon fils eût vingt ans, de sorte que si je
pouvais prendre tous les matins quatre
sous sur notre dépense, j'aurais au bout
de mes vingt ans 1,460 francs.

Quatre sous, ce n'est pas une grosse
dépense pour bien des gens; pour nous,
c'en était une, surtout parce qu'elle se
répétait tous les jours. Heureusement,
j'étais d'une race de gens qui n'ont pas
peur du difficile, ni même de l'impossible, et qui savent suivre, jour après jour,
une idée, en persévérant jusqu'à la fin.

Aussitôt relevée, je me mis à amasser
le rachat de mon garçon. Mais ce qu'on
calcule dans sa tête et ce qu'on arrange
en esprit selon son désir n'arrive pas
toujours comme on l'a espéré. Il y avait
des journées où, malgré tout, je ne pou-

vais pas porter mes quatre sous à ma
cachette et où il me fallait attendre au
lendemain, au surlendemain, quelquefois
même à la semaine suivante, et cela em-
brouillait mes comptes, ou, pour mieux
dire, m'obligeait à me souvenir et à faire
des calculs.

Bien que n'étant pas du tout habile à
calculer, je ne me suis jamais trompée
dans mes comptes, et, à un sou près, j'ai
toujours su ce qu'était mon magot, en
louis, en pièces de cinq francs et en sous.
Quand j'avais cent sous de sous, je les
remplaçais par une pièce de cinq francs,
et quand je pouvais me procurer un louis,
je le mettais à la place de quatre pièces
de cent sous.

La cachette dans laquelle j'entassais
mon trésor était des plus simples; c'était
un trou que j'avais fait dans la muraille
de notre cellier : j'avais dégradé deux
moellons, et, à la place d'un de ces
moellons, je déposais mon argent, en
ayant soin, bien entendu, de refermer
mon trou.

A force d'aller dans ce cellier et d'y rester quelquefois à manier mon argent, car ça me faisait plaisir de laisser glisser les louis et les écus entre mes doigts, voilà que j'attirai l'attention de mon mari, qui, maintenant, demeurait toute la journée à la maison, ne voyant plus assez clair pour travailler dans le neuf chez son tailleur. Il me fit des questions, lui qui était l'homme le moins curieux de la terre, et puis, comme il n'était pas satisfait de mes réponses, il tâcha de me surprendre. Je crois bien qu'il avait comme qui dirait de la jalousie : ça ne me fâcha point et, de vrai, même ça me donna de la satisfaction.

Comme je ne voulais pas le tourmenter, le cher homme, je n'allai plus au cellier que pour y mettre des grosses pièces, et je plaçai tous les jours mes sous dans un trou du mur de notre cuisine : ça me faisait deux cachettes, deux caisses, comme je disais en riant avec moi-même.

Pendant ce temps, mon garçon grandissait, et plus il grandissait, plus il embellissait; c'était le plus fort des enfants de son âge, le plus adroit, le plus souple; il n'y avait pas son pareil pour courir ou bien pour monter aux arbres; alors, en le regardant me revenir tout déchiré, ça me donnait de l'orgueil au cœur, mais, surtout, ça me donnait du courage pour travailler davantage et augmenter mon magot.

Mon garçon allait avoir dix ans quand mon mari tomba malade; la maladie fut longue et le rétablissement fut plus long encore; le médecin me dit qu'il ne reviendrait à la santé que s'il avait une bonne nourriture, de la viande au moins une fois par jour et du vin à tous ses repas.

Dieu merci, je n'eus pas une minute d'hésitation; tous les matins j'allai à la cachette du cellier, celle qui renfermait les grosses pièces, et, au lieu d'y mettre, j'y pris ce qu'il fallait pour rendre la vie à mon pauvre homme. Vous dire que ça ne me coûtait pas de voir s'en aller chaque jour mon cher argent que j'avais eu tant de peine à amasser ne serait pas vrai; le cœur me saignait quand je sentais avec ma main les pièces diminuer dans le trou.

Enfin, petit à petit, bien doucement, il se rétablit, les forces lui revinrent, il put travailler et reprendre ses habitudes d'autrefois. A ce moment, il ne restait plus que 208 francs dans le trou.

Comment faire? Faudrait-il donc laisser partir mon garçon?

Cette idée-là me mettait le feu dans la tête. Après avoir bien cherché, bien calculé, je pris une grande résolution. Avec mes deux cents francs, j'achetai un âne et une petite voiture, et je me mis à parcourir les campagnes environnantes en vendant des légumes, des œufs, des fruits, du fromage à la crème. Tous les matins, à deux heures, je partais pour aller chercher mon lait, je le rapportais à pied à la maison, et je le distribuais chez mes pratiques; à huit heures, j'avais fini; alors, j'attelais mon âne et me mettais en route avec ma voiture de légumes, m'arrêtant de porte en porte, jusqu'à cinq ou

six heures du soir. Ça me faisait de longues et de rudes journées, mais il fallait
ça, car je n'avais plus que dix ans devant
moi pour amasser le remplacement de
mon garçon, et le prix de ce remplacement avait été augmenté par le gouverne-
ment; il était maintenant de 2,300 francs;
pourquoi? je ne l'ai jamais su; mais,
enfin, c'était ainsi, et il fallait en passer
par là, ou bien mon garçon serait soldat.
Deux mille trois cents francs à amasser
en dix ans, c'était plus de douze sous
par jour.

Je ne désespérai point, et, au bout de
deux ans, j'avais dans ma cachette trois
louis et quarante pièces de cent sous;
quelquefois j'avais pu mettre vingt sous,
quelquefois je n'y avais mis que cinq
sous, mais enfin tous les jours j'y avais
apporté quelque chose, et maintenant
j'étais bien certaine, la santé et la force
me restant, d'arriver à mes fins : mon fils
ne serait pas soldat et il serait racheté
par moi, moi seule.

A sa sortie de l'école, je lui avais fait

prendre un état; il aurait voulu être charpentier, mais je n'y avais pas consenti, car charpentier ou soldat c'est presque la même chose pour le risque; on aurait pu me le blesser, et je ne voulais pas de ça; il s'était donc fait menuisier. Et je vous assure que c'était un bel ouvrier quand il s'en allait le matin avec sa blouse blanche bien repassée; je me mettais sur le seuil de notre porte pour le suivre des yeux pendant qu'il montait notre rue en chantant.

Il alla toujours en embellissant, et à dix-neuf ans c'était bien le plus beau garçon du pays; je ne voyais pas ça seulement par mes yeux, mais je le sentais encore à la façon dont les jeunes filles le regardaient. Au bal de la fête du pays, il dansait non seulement avec les filles des ouvriers et des cultivateurs, mais encore avec celles des bourgeois.

Dix-neuf ans, ce n'est pas loin de vingt. Cette dernière année passa, et le moment du tirage approcha. Alors je vis mon garçon s'attrister.

— Ne t'afflige donc pas, lui disait son

père, tu ne seras pas perdu, j'y ai bien

été vingt et un ans, tu feras comme moi.

Entendant ça, je riais en moi-même, pensant à la joie qu'il aurait après son inquiétude et son souci.

Deux jours avant le tirage, le frère de mon mari vint nous voir, et pour lui faire honneur je tuai un lapin que j'arrangeai en gibelotte; mais, pendant le dîner, je vis que mon garçon ne mangeait pas; on parlait du tirage, de soldats, de régiment, et ça lui avait coupé l'appétit.

— Ça te chagrine donc bien, que je lui dis en le tirant dans la cour.

Il me regarda pendant longtemps avec des yeux tristes; puis m'embrassant :

— Je ne retrouverai pas Célestine, me dit-il.

Célestine, c'était la fille du marchand de bois, notre voisin : comme c'étaient des gens riches, je n'aurais jamais cru que mon fils penserait à leur fille. Et pourquoi pas? Il était assez beau pour aimer toutes les femmes et être aimé d'elles.

Je le regardai à mon tour et, voyant

son chagrin, je ne pus me tenir plus longtemps.

— Va chercher ton père et ton oncle.

Alors je les menai tous dans le cellier, et, montrant le trou à mon garçon, je lui dis :

— Fouille là dedans.

Il enfonça le bras et on entendit les louis et les pièces de cent sous sonner.

Il en tira une poignée ; j'avais tendu mon tablier :

— Mets-les là dedans et fouille toujours.

Il en tira une nouvelle poignée, puis une autre encore.

Il fallait voir la figure de mon mari et de mon beau-frère.

— Va toujours, il y a 98 louis, 62 pièces de cent sous et 23 pièces de quarante sous ; en tout, 2,316 francs.

— Est-ce vrai, maman, que c'est à toi tout ça ?

— Voyons, voyons, ma femme, dit mon mari en tremblant, où as-tu eu ça, dis-le moi, je t'en prie.

A sa voix, je compris qu'il avait peur, et tout de suite je leur racontai comment j'avais amassé mon trésor.

— C'était donc pour cela que tu venais si souvent dans le cellier.

— Hé oui, grande bête.

— Si j'allais avoir un bon numéro, dit mon garçon, quelle noce on pourrait faire avec tout ça.

Cela me produisit un singulier effet d'entendre dire qu'on pourrait faire la noce avec cet argent que j'avais eu tant de peine à gagner; mais on n'eut pas à s'inquiéter de ça: le numéro du tirage ne fut pas bon, et il fallut acheter un homme avec les 2,300 francs.

Mon fils ne fut donc pas soldat; mais, par malheur, ça ne lui a pas profité. Célestine a épousé le fils du notaire et mon pauvre garçon s'est mis à boire.

Aujourd'hui, il est chantre à l'église, où il gagne six cents francs de fixe et au moins huit cents francs de casuel. Jamais il ne touche à un rabot ou à une scie; tout le temps qu'il n'est pas employé à l'église, il le passe au café à boire et à jouer au billard. Aussi, il y a des moments où je me demande si j'ai bien fait de l'empêcher d'être soldat : au régiment, il aurait peut-être pris d'autres habitudes. Si vous allez dimanche à la grand'-messe, regardez-le, vous verrez comme il porte la maîtresse chape.

LE CAFÉ ADÈLE

Une salle aux murs peints en vert, des
tables de marbre gris, un comptoir chargé
de bouteilles de toutes formes et de toutes
couleurs, un billard, deux glaces se répé-
tant, quelques chromos allemands, c'est
le *Café Adèle*, le plus coquet des vingt-trois
débits de boissons qui font l'ornement
d'Yvranches-la-Folletière. Quelques-uns
de ces débits sont plus importants que ce
petit café ouvrant sa devanture rouge sur
la place du Marché-aux-Veaux ; aucun
n'est plus propre, plus gai, plus agréable
à l'œil et surtout mieux ordonné.

Cependant c'est une femme, ou plutôt une jeune fille qui le tient; mais, cette fille de vingt-trois ans est une gaillarde au teint vif, de haute taille, à l'allure et à la parole viriles, aussi courageuse au travail que résolue quand il faut mettre à la porte un ivrogne tapageur. Toute jeune, elle a commencé le métier de cabaretière auprès de sa mère infirme, et c'est à la mort de celle-ci qu'elle a fait du vieux débit noir et enfumé le brillant *Café Adèle*, employant à cette transformation le plus clair de son petit héritage.

Qui épouserait la belle cabaretière ?

Dans les bavardages du pays, on lui avait successivement donné une centaine de maris, tous ceux qui venaient à son café et qui n'étaient pas encore mariés ou qui étaient veufs. Puis un jour on s'était définitivement fixé sur un herbager d'Yvranches, Augustin Ménage, un grand gas bellâtre. C'était un bon mariage pour tous les deux; si Adèle n'avait que son café, elle était dure à l'ouvrage; si Gustin avait du bien, il était caleux comme pas

un ; pour un homme qui n'avait jamais
fait qu'acheter et vendre des bœufs et
qui, depuis dix ans, remuait des dominos
pendant tout le temps qu'il ne passait pas
à la chasse, il n'y avait pas de meilleur
métier que celui de cafetier : la femme
servirait les clients, le mari les amuserait
et ferait marcher la consommation.

Cependant le mariage avait traîné ; puis
on avait raconté un peu en l'air qu'il ne
se ferait peut-être point, parce que Gustin
tournait autour d'Euphémie Anfry, une
sorte de demoiselle qui avait eu « eune
éfant » avec un Monsieur de Condé, mais
qui rachetait cet ennui, de peu d'importance d'ailleurs, à Yvranches, au moyen
de plusieurs pièces de terre lui venant de
sa mère, dont l'une, celle des Bossettes,
était enclavée dans l'herbage de Gustin,

— Une fille qu'a eu eune éfant !

— Possible, mais leurs pièces se *bittent*.

C'était une raison, celle-là, et une bonne,
si bonne même que, peu de temps après,
le curé avait annoncé au prône la pro-

messe de mariage entre Augustin Ménage et Euphémie Anfry « de cette paroisse ». Des curieux qui n'étaient jamais entrés chez Adèle y étaient venus après la messe pour l'examiner, la faire causer, rire un peu de sa mine désappointée. Mais Adèle ne s'était pas plus trahie par son attitude que par ses paroles, se montrant après la publication ce qu'elle avait toujours été avant : bonne fille, avenante à tous, acceptant les plaisanteries, pourvu qu'elles n'allassent pas trop loin.

D'ailleurs, les jours suivants, Gustin avait continué à fréquenter le café, sinon aussi souvent, au moins de temps en temps, revenant à sa table habituelle et tapant les dominos, hargneux et geignant quand il perdait, insolent et vantard quand il gagnait. A les regarder l'un et l'autre, lui tout à son jeu, elle tout à son service, il semblait que rien d'extraordinaire ne se passât entre eux.

— C'est-y possible qu'Adèle laisse son galant se marier comme ça !

— Que voulez-vous qu'elle y fasse ?

— Une fille de son caractère !

On était ainsi arrivé à la veille du mariage et « la fille de ce caractère » n'avait rien fait. A la vérité, elle avait changé : des rides plissaient son front; les fleurs rouges de ses joues pâlissaient, ses yeux se creusaient, mais elle continuait à servir ses habitués avec son sourire d'autrefois, et jamais elle ne parlait de Gustin ; même quand il avait cessé de venir, elle n'avait demandé de ses nouvelles à personne.

Ce jour-là, dans l'après-midi, une vieille femme occupée à garder sa vache dans la rue qui passe derrière la place du Marché-aux-Veaux, vit Gustin pousser la petite porte, ou comme on dit en Normandie, le potuit, et entrer dans le jardin du café, qui s'étend en longueur de la maison à cette ruelle : il revenait de la chasse le fusil en bandoulière, la carnassière pleine au dos, son chien sur les talons.

A cette heure, le café était ordinairement vide et Adèle devait se trouver seule :

elle était seule en effet, assise à son comptoir, la tête dans la main. Cependant, au lieu d'entrer dans la salle, Gustin frappa à la porte vitrée du jardin.

— Entre, répondit-elle d'une voix qui tremblait.

D'un signe il lui dit que c'était à elle de sortir et de venir à lui. Elle fit ce qu'il demandait et le suivit jusque dans un hangar dont la porte ouvrait sur le jardin

— Me v'là. Qué que tu me veux ! Pourquoi que tu m'as écrit de venir ? demanda-t-il en grognant.

— Tu sais ce que je t'ai dit.

— C'est-y pour me le répéter ; ce n'est pas la peine ; si je pouvais me dédire, je me serais dédit ; je ne peux pas.

— Moi non plus, je ne me dédirai pas ; j'ai juré que tu n'épouserais pas Phémie, tu ne l'épouseras pas ; je te tuerai plutôt ; c'est pour cela que je t'ai écrit.

Cela fut jeté avec une énergie farouche qui devait donner à réfléchir ; c'était une fille résolue qui parlait, et de plus une fille exaspérée; cependant, il essaya de plaisanter :

— En v'la des affaires! C'est-y possible? Voyons, ma petite Adèle.

Il voulut la prendre dans son bras et, comme la bretelle de son fusil glissait sur son épaule, il posa le fusil debout dans un coin.

— Voyons, ma petite Adèle, il ne faut pas m'en vouloir, je te jure que si nos pièces ne se bittaient point, ce n'est pas Phémie que j'épouserais...

— Une fille qui a eune éfant!

— Justement, elle a eune éfant, et ça dit bien que je n'en voudrais pas sans nos pièces, mais puisqu'elles se bittent, puisqu'il n'y a que par le mariage que je peux avoir celle de Phémie, il faut bien que j'en passe par là; c'est-y pas juste, je te le demande, ma petite Adèle; n'avons-nous pas plaidé assez longtemps; moi, je n'aime pas les difficultés, je ne suis pas un haricoteux, non, je n'en suis pas un.

Il s'était fait insinuant, presque caressant.

— Vas-tu recommencer? interrompit-elle, tu m'avais juré que tu n'épouserais pas Phémie, et que tu te retirerais quand tu aurais la pièce.

— J'avais juré, parce que je pensais, en leur parlant mariage, me faire bailler leur pièce, mais, puisqu'il n'y a pas moyen, il faut que j'épouse.

— Et moi !

— Qu'est-ce que tu veux que j'y fasse ?

— M'as-tu promis, ou ne m'as-tu pas promis de m'épouser ?

— Je l'ai promis, ça c'est vrai, je ne dis pas le contraire, mais je l'ai promis aussi à Phémie, et eux ils me tiennent par la pièce, les coquins; les affaires sont les affaires.

—Écoute, Gustin, je n'ai jamais aimé que toi, j'étais une honnête fille, est-ce vrai ?

— Dame... c'est vrai.

— Tu n'as pas un reproche à m'adresser, m'en adresses-tu ?

— Mé ! adresser des reproches à une bonne fille comme té ! à une jolie fille, car tu es jolie comme un cœur.

— Eh bien tu n'épouseras pas Phémie, ou je fais un malheur.

— Faut pas dire ça, ma petite Adèle, sois donc raisonnable. Est-ce que je ne t'aime pas? Quand je suis près de toi, les sangs ne me font qu'un tour; c'est vrai ça, c'est la vérité du bon Dieu, puisque je te le dis.

Il était resté debout, il s'assit sur une chaise, puis, poussant du pied la porte qui se referma, il fit asseoir Adèle sur ses genoux, sans que celle-ci se défendît; lui passant les deux bras autour des épaules, il l'embrassa.

— Puisque je te le dis, répéta-t-il, je ne suis donc plus ton Gustin?

— Ah! Gustin!...

— Faut être gentille comme autrefois, hein; tu sais bien que je t'aime; les affaires ça n'empêche pas l'amour, il n'y a que toi que j'aime, ma petite Adèle, ma jolie Adèle.

Quand elle se redressa :

— Et Phémie? dit-elle.

— Phémie! Est-ce qu'elle est gentille

comme toi; est-ce que sa peau est douce comme la tienne; Phémie, c'est rien du tout; une fille qui a eune éfant.

— Alors écoute, tu vas rester ici.

— C'est pas possible.

— Si, et tu vas voir : tu montes dans ma chambre et tu n'en bouges pas ni la nuit, ni demain, je t'y porte à manger sans que personne en sache rien; et comme on ne te trouve pas, le mariage est manqué sans que tu aies rien à dire, pas d'explications, pas d'embarras.

— Ah! si nos pièces ne se bittaient point ! Mais puisqu'il n'y a qu'en épousant Phémie que je peux avoir sa pièce, je ne peux pas reculer. Qu'est-ce que cela te fait que je l'épouse, puisque c'est toi que j'aime. Je viendrai te voir comme autrefois, comme je suis venu aujourd'hui. Tu n'as pas besoin de te marier; tu vis bien avec ton café. Et puis Phémie n'en a pas pour longtemps; le coffre n'est pas bon depuis qu'elle a essayé de faire passer son éfant. Laisse-moi m'en aller.

— Si tu sors d'ici, je fais un malheur.

— Tout ça c'est des bêtises, il faut que
je parte.

— Tu ne partiras point.

Elle était devant lui, barrant le passage.

— Donne-moi mon fusil.

— Tu ne l'auras point.

Elle se jeta dessus; Gustin hésita un
moment pour le reprendre de force, mais
Adèle n'était pas une fille qu'on pouvait
violenter facilement; il faudrait une lutte :
jusqu'où irait-elle?

— Après tout, je n'en ai pas besoin
demain, dit-il.

Vivement il ouvrit la porte.

— Écoute, s'écria-t-elle avec fureur, je
te jure que tu n'iras pas jusqu'au potuit ;
je te tue avant.

— En v'là des bêtises.

— Je t'ai dit que je ferai un malheur,
j'en ferai un.

Il haussa les épaules d'un air de défi
et, précédé de son chien, il enfila l'allée
droite du jardin à grands pas; elle était
sortie sur ses talons le fusil à la main,
mais elle ne courut pas après lui

— Gustin, cria-t-elle.

Sans se retourner, il hâta le pas.

— Si tu ne reviens pas, je tire.

Il se pressa un peu plus.

— Gustin ! Gustin !

Il se prit à courir.

Elle épaula et arma.

— Gustin !

Il arrivait au potuit et allait mettre la main sur la clanche.

Elle tira la gâchette ; le coup partit ; Gustin fit un bond et se jeta sur la porte qu'il ouvrit.

— Si je t'ai manqué aujourd'hui, je ne te manquerai pas demain, cria-t-elle.

Il ne perdit pas son temps à répondre ; violemment il repoussa la porte et continua de courir jusqu'à un endroit où un coude du chemin le mettait à l'abri ; là seulement il s'arrêta et se tâta le bas du dos.

— Cré coquin, murmura-t-il, si les lieuvres n'avaient pas été dans la carnassière, et si le coup n'avait pas été chargé de menuise, elle me démolissait.

Il ne pourrait pas toujours se cuirasser avec des lièvres, et la menace qu'il venait d'entendre, résonnait à ses oreilles : « Je ne te manquerai pas demain. » Elle était capable de le faire comme elle le disait. La pièce c'était une bonne affaire, mais la vie ! Et puis c'était vrai que Phémie, pâle et maigre, n'avait pas la peau aussi douce qu'Adèle ; une maîtresse femme tout de même.

Rentré chez lui, il se déshabilla : quelques grains de plomb lui avaient éraflé le haut de la cuisse ; mais sans les lièvres qui étaient criblés, elle le démolissait réellement. Et le lendemain elle promettait de recommencer !

Voilà qui donnait à réfléchir ; et son sang qui rougissait l'essuie-mains avec lequel il se lavait, l'attendrissait sur lui-même et lui barbouillait le cœur. Après tout, il s'était passé jusque-là de la pièce des Bossettes, il pouvait s'en passer encore et recommencer un bon procès qui la lui ferait acquérir peut-être tout aussi bien que le mariage avec Phémie. Le

mieux était donc de se dégager et d'aller
chez son beau-père ; malheureusement,
le temps manquait pour finasser et traîner
les choses en longueur.

Il y alla : dans un clos qui précédait sa
masure, le père Anfry travaillait à placer
des bourdes sous des pommiers dont les
branches, chargées de fruits rougissants,
pendaient jusque dans les sillons.

— Eh bien, j'espère que pour des pommes, vous avez des pommes, dit Gustin,
les arbres en éclatent.

— Mais tu vez ben qu'ils éclatent itou
chez les autres, répondit le père Anfry
en jetant un regard d'envie sur les pommiers qu'on apercevait dans les clos voi-
sins.

En effet, pour des pommes, comme disait Gustin, il y avait des pommes, et
aussi loin que la vue courait dans le clos
du père Anfry, et dans ceux qui lui faisaient suite en montant doucement les
pentes du coteau, on ne voyait que des
arbres penchés avec des airs las et dolents
sous le poids de leur récolte déjà rouge

ou jaune, selon les espèces : les fruits tombés dans l'herbe ou dans les chaumes étaient si abondants que les vaches repues passaient auprès de leurs tas sans daigner allonger le cou pour les ramasser.

— Est-ce que tu ne traînes pas la gambe? demanda le père Anfry en revenant à son futur gendre.

— Ne m'en parlez pas, il vient de m'arriver une affaire qui n'est pas jolie.

Il la conta, son affaire, complète, avec le coup de fusil et la menace pour le lendemain.

— Mâtin ! dit le père Anfry sans cesser de travailler.

— Qué que vous feriez ?

— Mais té, qué que tu veux faire?

— Si vous étiez à ma place?

— J'y sis point à ta place, c'est té qui y est.

Ils se regardèrent un moment sans parler; l'un affectant la franchise et prenant des manières ouvertes, un sourire de confiance, une bonhomie ronde qui étaient toujours à son service quand il croyait avoir intérêt à dissimuler; l'autre montrant un visage placide comme si ce qu'il venait d'apprendre ne le touchait en rien, ne trahissant son inquiétude que par la vivacité de ses petits yeux noirs perçants.

— C'est qu'elle est bien capable de me fiche un coup de fusil demain, dit Gustin.

— Dame, c'est une luronne, je ne dis pas le contraire, mais pourquoi que tu y as été, tu ne pouvais pas attendre à demain.

— Pour lors, puisque c'est votre avis, il faut le suivre.

— M'navis! je ne t'ai point baillé d'avis, mé; c'est ton affaire, ce n'est pas la mienne.

— C'est tout de même votre affaire, rapport au repas de noce commandé chez Fillette.

— Au repas! répliqua le père Anfry, sans avoir l'air de comprendre, ce n'est point mé qui me marie, c'est té.

— Puisque le mariage ne peut plus aller, le repas ne va plus, il faut le décommander,

— C'est té qui te dédis, ce n'est pas

mè ; je ne suis t'y point assez malheureux

avec ma fille qui me reste... et le trousseau.

— On le marquera au nom de l'autre ; votre fille ne manquera pas de maris, c'est une belle fille !

Il y eut un nouveau silence et de nouveaux regards échangés, sans que le père Anfry interrompît son travail pourtant.

— Donne-mé donc un coup de main pour soulager ces âbres, dit-il.

Sans se faire prier, Gustin donna le coup de main qui lui était demandé, et pendant dix minutes au moins, ils ne s'occupèrent qu'à soulager les arbres les plus chargés, n'échangeant pas d'autres paroles que celles qui se rapportaient à leur travail.

— Sans cette bourde, disait le père Anfry, v'là une branche qui serait lochée à ne pas garder un seul frit.

— Pour sûr.

Enfin, ses réflexions faites et son plan bâti, le père Anfry revint à l'affaire du repas.

— Vez-tu que j'avais raison de ne pas voulé un si gros repas; maintenant que c'est à té de le payer tout seul, ça va en être du coutement pour té, si Fillette ne veut pas de la décommande.

— Alors, votre avis serait?... demanda Gustin, qui entrevoyait tout ce qui se trouvait sous cette insinuation.

— Je te dis que j'ai point d'avis; c'est ton affaire; seulement je dis comme ça : puisque les frais sont faits.

— En décommandant le repas ?

— Anuit le repas de demain.

— Tant qu'il n'est pas mangé. Voulez-vous venir avec mé chez Fillette ?

Un éclair passa dans le regard voilé du père Anfry.

— Pour sûr que je ne veux pas te refuser, mon pauvre garçon; seulement si j'y vas, c'est à té de causer, c'est pas à mé; tu te dépêqueras comme tu pourras, allons, vit-en.

Ils se mirent en route pour aller chez Fillette, à la fois propriétaire de l'auberge du *Turc* et premier adjoint à la

mairie d'Yvranches. Tout en marchant,
le père Anfry se faisait raconter l'histoire
du coup de fusil, et quand il interrompait,
c'était seulement pour dire :

— C'est tout de même enquiquinant
que les frais soient faits cheuz le notaire,
et cheuz Fillette, en v'là du coûtement.

Et il soupirait comme si c'était à lui de
payer.

Fillette, devant la haute cheminée de
sa vaste cuisine, le dos au feu, la main
sur un andier, se chauffait noblement, en
surveillant sa femme et ses servantes qui
travaillaient sous ses yeux.

— Tiens, la femme, v'là Gustin qui
vient de te dire qu'il a raté les lieuvres.

— Je les ai point ratés, j'en ai même
tiré trois : deux dans le plant de cossard
de Ledoux, un dans la pièce d'aveine de
Jean-Baptiste.

— Où sont-ils ?

— Je les apporte point ; c'est pour vous
causer que nous venons.

— Si c'est pour commander quelque
chose, adressez-vous à la femme, dit

Fillette, qui, depuis qu'il était Monsieur l'adjoint, affectait de ne plus s'occuper de son auberge.

— C'est pas pour commander, répliqua Gustin en appuyant sur ce mot.

— Passons dans la salle; la femme, sers-nous un demiard.

Entrés dans cette salle, Fillette et le père Anfry s'assirent devant une table, tandis que Gustin restait debout.

— Sis-toi donc, Gustin.

Gustin prit une chaise, mais en s'asseyant, il poussa un soupir.

— As-tu mal à la gambe? demanda Fillette.

— C'est justement l'affaire.

Mais Mme Fillette, en entrant avec le demiard d'eau-de-vie de cidre, empêcha Gustin de commencer tout de suite son récit; il n'était pas fier de son aventure et ne tenait pas à en parler devant cette petite femme qui s'empressait autour de la table, digne dans son service, se redressant avec importance et en faisant trembler les deux tirebouchons qui frisaient autour de son bonnet de coton ; ce fut seulement quand elle fut sortie, après avoir empli les verres, qu'il se décida.

— C'est donc ça que j'ai entendu un coup de fusil, dit Fillette.

— Comme elle menace de recommencer demain, je venons vous décommander le repas.

— Le repas ! Mais tout est acheté. Qu'est-ce que tu veux que j'en fasse ?

— Vous n'avez qu'à le garder pour la foire Saint-Mathieu.

— La Saint-Mathieu ! Dans onze jours. Tu cré que dans la saison que j'étons, par ces temps mous, la viande peut se garder onze jours.

— Puisque le repas ne peut pas avoir lieu.

— Ce n'est pas mon affaire, les frais sont faits.

— C'est précisément ce que j'ai dit à Gustin, interrompit le père Anfry avec un clignement d'œil à l'adresse de Fillette, les frais sont faits, et il y aura du coûtement, pas vrai ?

Au lieu de répondre, Fillette appela sa femme :

— Qu'est-ce que tu as acheté pour la noce à Gustin ?

— Le pot au feu, deux têtes de veau, trois langues, deux hatelets de porc frais...

— Ça fait gros, interrompit le père Anfry.

— ... Un aloyau, trois gigots, deux dindes.

— Tu vois, dit le père Anfry.

— Dame, pour cinquante-sept personnes, sans les éfants.

Gustin laissait paraître sur son visage des signes manifestes de malaise.

— Combien ça vaut tout ça; la viande n'est guère chère asteur, il y a de la baisse sur les dindes.

— A deux c'était lourd, interrompit le père Anfry, mais tout seul ! Enfin, mon pauvre Gustin, tu veux, tu déveux.

— Pas moins de trois cents francs, répondit enfin Mme Fillette qui, tout bas, avait fait son calcul.

— Mangés, je veux bien, mais pas mangés.

— Je t'enverrai tout chez toi, dit Fillette.

— Tu seras obligé de te relever la nuit pour le mâquer, dit le père Anfry.

— Il n'y a pas à arkanser, poursuivit Fillette, nous sommes convenus de cinquante-sept dîners à huit francs quinze sous par tête; c'est quatre cent quatre-vingt-dix-huit francs que tu me dé; je ne prendrais pas un sou de moins.

— Vous ne les tenez pas.

— Ne fais donc pas le dégouginé, tu as commandé, il faut payer.

— Je paierai ma part.

— Mé, je ne paierai rien du tout, dit le père Anfry.

— Gustin, s'écria Fillette en donnant un coup de poing sur la table, je n'aurais jamais cru ça de té, t'es trop couenne.

— Je voudrais vous y voir, vous; le premier coup me cuit assez, je ne veux pas du second.

— Fillette, il faut être juste, insinua le père Anfry ; Gustin ne se dédit pas pour le plaisir ; la pièce des Bossettes lui fait deuil ; deux pièces qui se bittent, elles devaient se marier.

— Si je n'avais pas peur que la coquine recommence, soupira Gustin.

Fillette réfléchit un moment.

— Si on l'empêchait de recommencer.

— Bien sûr que la noce se ferait, répondit Gustin.

— Et les frais ne seraient pas perdus, acheva le père Anfry.

A ce moment la silhouette d'un chapeau de gendarme se dessina sur les vitres ; c'était le brigadier qui traversait la place. Fillette, ouvrant la fenêtre, l'appela :

— M. Leprince !

Le brigadier n'hésita pas à s'arrêter et à entrer ; ce n'était pas seulement monsieur l'adjoint qui l'appelait, c'était aussi le propriétaire du *Turc*, l'auberge où l'on buvait la meilleure eau-de-vie de la contrée.

— La femme, un demiard, commanda Fillette.

Quand le brigadier fut assis devant son verre plein, Fillette exposa l'affaire.

— Tentative d'assassinat, dit le brigadier, menace de mort. Où ça s'est-il passé?

— Dans l'hangar aux rafuts.

— Comment êtes-vous venu?

— Elle m'avait envoyé un mot d'écrit.

— Guet-apens, préméditation; êtes-vous blessé?

— Hélas, mon Dieu! s'écria Gustin, en geignant, voulez-vous voir?

Il fit le mouvement d'ôter son pantalon.

— Vous montrerez ça au médecin.

— Est-ce qu'on ne devrait pas arrêter la coquine? demanda le père Anfry.

— Je n'avais pas été informé, dit le brigadier.

— Un crime a été commis dans ma commune, dit Fillette avec l'importance d'un magistrat; il y a des menaces; au nom de la loi, brigadier, je vous requiers d'empêcher un malheur.

— Monsieur Ménage, déposez-vous une plainte? demanda le brigadier.

— Bien sûr qu'il la dépose, se hâta de reprendre le père Anfry; on ne tire pas

comme ça sur les gens, il lui en duira la coquine.

— Je raurait-il mon fusil? demanda Gustin.

— Pour sûr.

— Je dépose.

— Ma femme, mes insignes, commanda Fillette.

Mme Fillette se hâta d'apporter respectueusement l'écharpe de monsieur l'adjoint, et tandis que celui-ci la nouait largement dépliée sur son gros ventre, le brigadier vidait son verre.

— En avant, marche! commanda Fillette.

Le lendemain soir, tandis que les fenêtres du *Turc* jetaient sur la place des nappes de lumière et que de son grand salon partaient des cris de joie et des chansons, le *Café Adèle* restait fermé.

TABLE DES MATIÈRES

PARIS. — IMP. C. MARPON ET E. FLAMMARION, RUE RACINE, 26.

18980. — Imprimerie A. Lahure, rue de Fleurus, 9, à Paris.